本系列图书为

2020年度国家出版基金项目

2016年度宁波市文化创新团队项目

宁波市艺术发展基金支持资助

 你们是传统村落保护的志愿者，我也是志愿者，我们共同努力，把中国传统村落保护好，守护中华民族的乡愁。

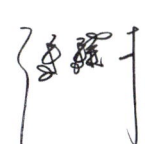

冯骥才先生会见宁波市国家级传统村落立档调查志愿者

宁波市国家级传统村落立档调查培训班全体成员

《宁波传统村落田野调查》编委会

总 顾 问	冯骥才
名誉主任	郁伟年
主　　任	杨　劲　王晓勇
副 主 任	施孝峰　周静书　方飞龙　邵方毅
委　　员	邵　斌　王亦建　刘尚才　张　琳
	童银舫　鲁永平　戴余金　王伟军
	陈素君　陈可伟　卢圣贵
主　　编	周静书

宁波传统村落
田野调查
周静书 主编

李家坑村

吴瑞芳 编著

宁波出版社

图书在版编目（CIP）数据

宁波传统村落田野调查. 李家坑村 / 吴瑞芳编著. —宁波：
宁波出版社，2020.6
ISBN 978-7-5526-3728-1

Ⅰ. ①宁…　Ⅱ. ①吴…　Ⅲ. ①村落—调查报告—宁波
Ⅳ. ①K925.55

中国版本图书馆CIP数据核字（2019）第269613号

宁波传统村落田野调查·李家坑村

吴瑞芳　编著

出版发行	宁波出版社
地　　址	宁波市甬江大道1号宁波书城8号楼6楼
邮　　编	315040
联系电话	0574-87259609
网　　址	http://www.nbcbs.com
策划编辑	袁志坚
责任编辑	晏　洋
封面设计	马　力
内页排版	马　力
责任校对	叶呈圆
责任印制	陈　钰
印　　刷	宁波白云印刷有限公司
开　　本	787毫米×1092毫米　1/16
印　　张	14.5
字　　数	230千
版　　次	2020年6月第1版
印　　次	2020年6月第1次印刷
标准书号	ISBN 978-7-5526-3728-1
定　　价	80.00元

本书若有倒装缺页影响阅读，请与出版社联系调换，电话：0574-87248279

序

周静书

　　中国传统村落，是中华民族一份宝贵的文化财富，是中华优秀传统文化的重要体现。2012年，在冯骥才先生的倡导下，国务院决定推进传统村落的保护，由住建部等部门负责，评审公布中国传统村落保护名录。2014年，冯骥才先生以文化大家的先知卓见，亲力亲为，领导中国民间文艺家协会启动了中国传统村落立档调查工作。这是一项具有开创性的重大文化工程。宁波市民间文艺家协会积极响应，在2015年做出规划，用三年左右时间，完成宁波市第1至第3批18个国家级传统村落立档调查工作。2016年，我们对参加立档调查的骨干进行了集中培训，恰逢中国传统村落保护（鸣鹤）国际高峰论坛在宁波慈溪举行。冯骥才先生在鸣鹤古镇与参训人员见面，并满腔热情地鼓励："你们是传统村落保护的志愿者，我也是志愿者，我们共同努力，把中国传统村落保护好，守护中华民族的乡愁。"这给宁波的民间文艺家以极大的鼓励。由此，我们形成了由50多位骨干，共100多人参与的立档调查团队。宁波市委宣传部、宁波市文联十分关心和重视，积极推荐,宁波市委办公厅下发文件,将传统村落立档调查团队列入2016年宁波市文化创新团队,给予重点支持。

传统村落的保护,不仅要保护大量的传统建筑和自然生态环境,更重要的是守护传统村落的文化灵魂,延续传统村落的文化血脉。传统村落保护是一项系统的工程,是一个完整的体系。传统建筑和自然环境是它物质性的有形文化符号,而真正代表传统村落精髓的是以非物质文化遗产为主体的民间文化。如果说建筑类的文化遗产是传统村落的躯壳,那么民间文化则是传统村落的灵魂,而且很多民间文化在当代社会中仍有重要的史料价值和现实意义。完整的传统村落形态,不仅包括古民居、庙宇、宗祠、古桥、古树等丰富的物质文化遗产,同时还应包括各种生产生活民俗、民间信仰、民间文学、手传民间技艺等非物质文化遗产。建立科学完备的传统村落档案,使传统村落的文档成为记录完整的地域建筑史、民情生存史和传统文化史的资料,从而为今后传统村落研究、保护和发展提供可靠的依据。正因为如此,传统村落的保护理当是整体性的保护,传统村落的物质资源和精神资源不能互相割裂。失去了精神层面的民间文化,就如切断了文化的血脉,传统村落徒有躯壳,就没有生命的活力。

民间文化是在漫长的农耕时代里积淀形成的文化遗产。村落建筑中存在着传统技艺等非物质文化遗产,民众生产生活中遗存着大量的民间信仰、民间风俗、民间故事、农谚歌谣、俗语老话甚至地名文化、土特产制作技艺等民间文化。许多民间文化是在与之相适应的文化土壤中产生和存在的。如对于所在村落的山、水,当地人会寄托美好的愿景,赋予它灵气,因而口耳相传着美丽的民间故事和歌谣,千百年不息地传承。俗话说"一方水土养一方人""十里不同风,百里不同俗",

每个传统村落都具有它独特的个性,这与它的自然环境、生活族群的历史变迁有密切的关系。每个传统村落的独特的民间信仰、民间风俗,以至民间传说、歌谣、谚语、谜语、老话、生产技艺等,组成了绚丽多彩的民俗风情画卷。它既彰显中华民族文化的共性,又体现一乡一村的个性。这种民间文化拥有它原初的特性和独有的文化意义,扎根于它生存的土壤。它直接表达了传统村落的精神特质,是村落的灵魂所在。多姿多彩的传统村落之所以至今仍散发魅力,正是因为它们各自蕴藏着丰厚独特的民间文化。今天对传统村落保护的文化战略意义,就在于为千姿百态的民间文化留住生存空间,让它们有效地传承下去,从根本上保护这些古村落形态的整体性和文化的延续性。

对于传统村落民间文化的抢救工作,民间文艺界和知识界理应率先行动,形成文化自觉,敢于担当,对历史和民族负责。面对浩如烟海的民间文化珍藏,我们本次田野调查期间,团队全体人员下沉到民间去,深入田野间,深挖细掘,逐一记录梳理,精心搜集,细心整理民间文化中各种类型、各种民俗事象,尽可能全面、真实、客观、准确,形成系统科学的文献档案资料。特别是几位主创,遍访中老年原住村民,不厌其烦,反复追寻,不疏不漏,对年岁特别大的村民进行抢救性口述记录。我们深知错过了重要的知情人、见证人,就错过了历史,有些文化信息可能会从此湮没、消失。我们在这次田野调查中,历尽艰辛,不仅遍访村中的长住居民,而且对迁居到邻村、城镇,甚至远走他乡的村民也进行追踪调查采录,这着实是抢救性的工程,当我们整理定稿出版时,有些当年被采访的老人已驾鹤西去,真乃"时不我待"啊!

民间文化的丰富性体现在传统村落里,民间文化的精华扎根于传统村落里，民间文化的多样性显示在传统村落里，民间文化的独特魅力展现在传统村落里。只有抢救保护好民间文化，传统村落的保护工作才能达到科学完美的目标。只有坚持物质文化遗产保护与非物质文化遗产保护有机结合，才能实现建筑特质、风土人情、传统习俗、传统技艺等的合理利用，活态传承。只有保护利用好民间文化，传统村落的可持续发展才能有更旺盛的生命力和感召力，才能更有效地推进传统村落的美丽乡村建设科学发展。

去年，中共中央、国务院印发了《乡村振兴战略规划（2018—2022年）》，在《弘扬中华优秀传统文化》中明确提出："实施农耕文化传承保护工程，深入挖掘农耕文化中蕴含的优秀思想观念、人文精神、道德规范，充分发挥其在凝聚人心、教化群众、淳化民风中的重要作用。"传统村落的田野调查，正是农耕文化传承保护工程的必要和重要的一环。我们希望这18部《宁波传统村落田野调查》能为传统村落保护和发展，为乡村文化振兴和民间文化传承，提供有力支撑。为宁波文化强市建设展示优秀传统文化魅力，同时能推动更多珍贵的传统村落进行抢救性立档调查，以守护乡村的文化灵魂，延续乡土的文化血脉，强盛城市的文化根基，为乡村振兴和美丽中国建设做贡献。

戊戌酷暑于堇山古村

目 录

调查实录

中国传统村落立档调查（文字）归档表 ········ 003
一、村落风貌 ········ 007
　（一）地理位置 ········ 009
　（二）历史沿革 ········ 010
　（三）民居布局 ········ 011
二、自然生态 ········ 013
　（一）山水特色 ········ 015
　（二）古树名木 ········ 016
　（三）植物资源 ········ 017
　（四）动物资源 ········ 018
三、生产生活 ········ 021
　（一）农业种植 ········ 023
　（二）林业特产 ········ 027
　（三）生活习俗 ········ 030
　（四）文化教育 ········ 035
四、物质文化遗产 ········ 039
　（一）民居建筑 ········ 041
　（二）碑、寺庙 ········ 049

（三）古桥、古井、古道 …… 053
　　（四）其他古迹 …… 056
五、非物质文化遗产 …… 059
　　（一）工艺技艺 …… 061
　　（二）民俗风情 …… 068
　　（三）民间文学 …… 085
　　（四）宗姓家谱 …… 107
六、诗文选录 …… 111
七、乡贤名士 …… 117

图片档案

中国传统村落立档调查（图片）归档表 …… 125
A 村落面貌 …… 132
B 历史见证 …… 154
C 物质文化遗产 …… 163
D 非物质文化遗产 …… 176
E 民俗生活 …… 178
F 生产方式 …… 187
G 人物 …… 198
H 现状 …… 203
I 其他 …… 208

附录一：李家坑村村落保护与发展（规划性） …… 210
附录二：国家级传统村落李家坑村立档调查人员名录 …… 216

调查实录

一
二
三
四
五
六
七

— 村落风貌

— 自然生态

— 生产生活

— 物质文化遗产

— 非物质文化遗产

— 诗文选录

— 乡贤名士

中国传统村落立档调查（文字）归档表

村落名称：李家坑村
所属省市乡（镇）：浙江省宁波市海曙区章水镇
名录批次：第三批
名录之外：国家级美丽宜居示范村、中国历史文化名村、中国美丽休闲乡村，浙江省历史文化名村、特色旅游村、美丽乡村特色精品村，宁波市首批长寿村、宁波市文明村、宁波市农村社区建设示范村等
调查时间：2017年1月
调查者：吴瑞芳
登记时间：2017年5月

编号	分项	内容	备注
1	年代	明末清初	—
2	形成原因	移民	—
3	类型	丘陵地带	—
4	地质	花岗岩	—
5	自然面貌	李家坑地处四明山区，属山谷型村落，平均海拔500米左右。村落背靠海曙区的最高山峰幢起岩，前有与余姚市柿林村交界的道冠山做屏障，左有大坟山、右有后头山，左右山脉形如两条青龙，而溪坑中恰有一块形似"玉珠"的奇石，被称为"双龙戏珠"；大溪坑水流经过榧树潭水库，直往东流，在村西鱼鳃角边绕了一个弯，如玉带围绕村庄，呈半圆形，自西北向东南从村口流过，形如一条扁鲨，被称为"鲨鱼跃海"，整个村落在青山绿水的环抱之中。	—
6	民族	汉族	—
7	姓氏	以李姓为主，另有徐姓、沈姓	—
8	人口	居民374户，755人	—

续表

编号	分项	内容	备注
9	生产	有茶叶、竹笋、吊红、柿子、花旗芋艿、玉米、番薯等，也出产香榧、白果等珍稀果品。无工业。	—
10	历史见证物	古树：椤树、锥栗、黄檀等 古道：蟹坑岭、道冠岭（唐古岭）、燕岩岭 牌匾：节孝匾，立于清光绪二十七年元月 族谱：《四明李氏宗谱》现留存一册 碑刻：《善教堂义塾碑记》《捐书塾地基费用碑记》《李氏家庙重修碑记》	—
11	物质文化遗产	祠堂：李氏家庙 古民居：环溪楼、"与鹿游"民居、下通转"奠厥攸居"、上通转"凤竹鹤松"、新屋通转"凤跃鱼游"、里通转"千祥云集" 桥梁：万世桥 其他：李氏书塾、老弄堂、鹅卵石路、马头墙	—
12	非物质文化遗产	手工技艺：手工茶叶制作技艺、番薯枣子制作技艺、毛笋加工技艺、羊尾笋干制作技艺、花旗芋艿烧烤技艺 生产方式：二十四节气农事、种洞、种田起家、水碓舂米、番薯栽培加工 生活习俗：喝茶习俗、待客习俗、长羹下饭、草鞋与上山袜、布襕与缭绞、土法照明 传统习俗：祭祀田习俗、拜岁习俗、上坟祭祖习俗、上学习俗、慈善习俗 民间信仰：请龙求雨、谢年、插地香、祭灶 民间文学： （1）民间故事，有《箩头太公》《孝通神明》《冷龙潭》《神仙居住的地方》《鸡冠岩传说》《雨伞岩传说》《百步阶往事》《李家坑寻宝》《"飞天横木"之谜》《回马亭》等 （2）民间谚语，包括人生类、生产类、生活类、自然类 （3）民间歌谣，有《长寿歌》《里山老戎苦》等 （4）谜语，有毛笋谜语、养蜂谜语等	—
13	自然遗产	椤树潭：位于村西部，现为椤树潭水库 大溪坑：呈半圆形绕村而过，形如"鲨鱼跃海" 龙心石：位于村中心，历来民间有相关传说 冷龙潭：距村不到 0.5 千米，曾是村民请龙求雨的地方 风凉洞：位于村东山上，有"神仙洞"之称 龙眼井：距太公大坟 20 米，井水冬暖夏凉	—

续表

编号	分项	内容	备注
14	现状	2012年列入鄞州区首批"美丽镇村、幸福家园"启动村，近年来又连续获得第三批中国传统村落，国家级美丽宜居示范村，第七批中国历史文化名村，2017中国美丽休闲乡村，省、市级历史文化名村、卫生村，省级特色旅游村、美丽乡村特色精品村，市级文明村、农村社区建设示范村、长寿村，宁波市慈善村，区级和美家园特色村，宁波市四星级行政村等荣誉称号。2012年开始古村改造，以古村自然环境和文化遗产为发展点，打造生态旅游和养生休闲的特色精品村，目前正在申报国家3A级旅游景区，全力打造美丽宁波的后花园。	—
15	村落简介	李家坑古村位于浙江省宁波市海曙区章水镇，是四明山的腹地。村落四周被大山环抱，一条溪坑自西往东，似半个括号环村而过；区域面积8.2平方千米，由李家坑、百步阶、柞湾、筲箕斗和牛背脊五个自然村组成。有居民374户，755人，主姓李，另有沈、徐等姓氏。全村山林面积3727亩，耕地642亩，其中水田370亩，旱地272亩。 李家坑属亚热带季风气候，全年雨量充沛、温和湿润、四季分明。这里的气候和土壤条件适宜种植竹、木、果树及番薯、芋艿、玉米等作物，有茶叶、毛笋、羊尾笋干、吊红、柿子、花旗芋艿、番薯枣子、银杏、香榧等特产。 李家坑是个平和、讲求善义的传统村落，这里民风淳朴、人心纯真，历来长幼有序、邻里和睦，人们遵纪守法，循规蹈矩。李家坑村外的山、水、岩、石、古树、古道、古井、古桥，村内的宅院、弄堂、鹅卵石、马头墙，以及传统的生产方式、生活习惯、民风民俗、民间信仰，无不洋溢着浓浓的文化气息。太公祖坟、坟头古树和李氏家庙，被称为"李氏宗族三宝"；龙眼井、龙心石和村口香榧古树，被称为"村落景观三宝"。	—
16	其他	—	—

宁波传统村落田野调查·李家坑村

一 村落风貌

（一）地理位置

李家坑隶属宁波市海曙区章水镇，是海曙区最西部的山区村落，位于东经121.09度，北纬29.47度，平均海拔500米，与余姚市紧密相连，离绍兴市的上虞区较近。翻过杖锡山就是奉化区地域，到嵊州市也较方便，因而被称为五县交界，是四明山的深山腹地。环村而流的大溪坑，上游不到1千米处就是框树潭水库，下游2千米就是周公宅水库水域。有公路跨过茅镬大桥，上盘山大道，穿越茅镬古树群，蜿蜒曲折地向东延伸。距章水镇政府31千米，距宁波市区约65千米。

李家坑村地域面积8.2平方千米。全村山林面积3727亩，耕地642亩，其中水田370亩，旱地272亩。属亚热带季风气候，全年雨量充沛、温和湿润、四季分明，但由于地处大山深处，平均温度比平原地区低3至5摄氏度。过去下雪期较长，曾有"杖锡吼六月，遮拢就落雪"的民间谚语，也因此水稻只能种单季，其他作物如玉米、番薯、芋艿及各类时令蔬菜，播种和收获都要比平原推迟一个节气。根据气候特点和土壤条件，适宜种植毛竹、茶叶，以及银杏、香榧、吊红、柿子、锥栗等果树。

李家坑村四面环山，坐落于低谷。南面背靠幢起岩，走上蟹坑岭就是杖锡村的后隆岩下，其西南2千米处是芙蓉顶上的屏风岩，上书汉隶"四明山心"四字，它是四明山的标志，是自然和文化融合的一大胜境。西边百步阶自然村与余姚市的大俞村仅一溪之隔，经牛背脊自然村翻燕岩岭、过回马亭，就是余姚大岚，可以直达上虞等地。北面有似天然屏障的一座大山，其山顶有一岩峰形似道冠，被称为道冠山（也称唐古山），只要走上1.5千米的古道，就是余姚古村落柿林村。该村附近即四明第一名山"丹山赤水"，那里的"四窗岩"（又名石窗）为四明山第一名胜，曾被道家尊为三十六洞天之第九洞天，七十二福地之一，蒋介石曾两度避难于四窗岩。

过去李家坑交通闭塞，有俗语"出门三条岭，饭包挂头颈"。山里的大批竹木被砍伐后先绞成长排，等溪坑发大水时放落到下游，顺水漂流至鄞江，再拉纤直至宁波。村里的山货特产，全靠扁担挑出去卖，路途最短的大皎村和梁弄镇，也有15千米之遥。1985年5月1日，赤水至李家坑的公路贯通，开通了宁波至李家坑的公交车，结束了肩挑脚赶的艰苦岁月，实现了山里几代人的梦想。如今，交通运输四通八达，每天有三班公交车进村，两班公交车过夜，其中一班在百步阶自然村。

（二）历史沿革

500多年前，现在李家坑的地域，还是原始生态环境，遍地荒无人烟，到处野兽出没，荆棘丛生，没有道路可出入，只有溪坑的流水日夜流淌。

大约在明朝正德年间（1506—1521），夏姓人最先看中这块土地，他们定居下来，人数不多，力量单薄，没有给村落取名，更没有文字记载和故事流传。据代代相传的说法：夏家人住在溪北岸道冠岭（唐古岭）下，在那里建起五间黄泥墙的茅草房，这些草房的断墙残壁保留了较长时间，这个地方被人们称为夏家桥头坪。过了约100年，到了明朝万历年间，徐家人迁入，来的不是一户，而是家族的一支。他们把宅基选择在大溪坑南边的山脚边，建成六间一排的住房，被称为"里道地"，并取村名为"徐家畅"。可是，多年来繁衍不多，一直保持"徐七户"。虽然夏、徐两姓无多大发展，但为以后李氏的崛起奠定了基础。

到了清朝初期，自永康来了一位挑着担子的铁匠，他就是南宋进士、吏部左侍郎李景祥之十六代孙，名龚荐，字龄一。这里的青山绿水使他舍不得离开，在经得徐家人同意后他就定居下来，并在溪南地坪处建造房屋，准备开创基业，繁衍后代。后来，李龚荐娶余姚石潭村龚氏为妻，生两子。由于李氏人口发展较快，大有兴旺发达之趋势，就将村名改为"李家坑"，并立下"承祖业克勤克俭，示子孙唯耕唯读"的祖训，同时建家庙、造宅院、办书塾。

清朝中期，李家坑已具一定规模，开始设置行政村，当时属于通远里管辖。民国二十年（1931），柞湾、筲箕斗、牛背脊自然村均纳入李家坑，称为"时新村"，百步阶独立为村，都属于杖锡乡管辖，中华人民共和国成立后仍属杖锡乡管辖。合作化运动兴起，百步阶村建立了江山初级农业合作社，李家坑村建立锡丰、黎明、四明二社、四明四社四个初级农业合作社。1956年，李家坑四个初级农业合作社合并为锡丰高级农业合作社，百步阶的江山初级农业合作社转为高级农业合作社。1958年，人民公社运动中，分别成为四明山（章水）公社第八大队（杖锡管理区）锡丰、江山耕作队。1961年，杖锡、赤水两个管理区合并建立杖锡公社，锡丰、江山成为其所属生产大队，1968年各自成立大队革委会。1983年政社分设，锡丰、江山又分别改为李家坑村和百步阶村，李家坑村是杖锡乡最大的行政村。建区后，隶属章水镇管辖。2003年，杖锡乡和章水镇合并为章水镇。2004年李家坑村和百步阶村合并为李家坑村，隶属鄞州区章水镇管辖。2016年由鄞州区划归海曙区。

近年来，李家坑村获得了许多荣誉，被评为中国传统村落、国家级美丽宜居示范村、中国美丽休闲乡村、中国历史文化名村、浙江省特色旅游村、浙江省美丽宜居示范村、浙江省美丽乡村特色精品村、浙江省历史文化名村、浙江省卫生村、宁波市首批洁美村、宁波市首批长寿村、宁波市特色村、宁波市文明村、宁波市卫生村、宁波市历史文化名村、宁波市慈善村、宁波市四星级行政村、宁波市农村社区建设示范村、区级和美家园特色村等。目前，李家坑村正在申报国家3A级旅游景区。

（三）民居布局

李家坑行政村由李家坑、百步阶、柞湾、筲箕斗和牛背脊五个自然村组成，共有居民374户，755人，以李姓为主，另有沈姓、徐姓等。共有大小房屋500多间，其中有四合院古宅两处、三合院古宅三处，并有曲尺小院两处。全村的人文资源和自然资源都非常丰富，建于清朝中晚期和民国初期的规整院落是李家坑村最有特色的人文资源。该村是海曙区所属四明山区中建筑最精美、保存最完整、规模最大的古村落，堪称四明山居的大观园。

建造在大山与溪坑之间、一块平缓坡地上的李家坑村，整个村落的地形和整体建筑都呈方形，体现了"天圆地方"的传统理念。屋宇靠山依水，瓦灰墙白。走在狭窄的小弄堂里，就能瞥见巍峨青山。纵观全村，弄堂三横四纵，分布有序，疏朗有致。每条弄堂都与民宅的门户紧密连接，每个宅院正对大门的正楼中间设为堂前间。各家门前都有天井空间，均加修游廊，彼此相通，正门和两侧都有洞门进出。每个宅院都有大门、中门、小门（不包括后门），内外贯通，既紧实又方便，雨天不用走湿路，这种建筑形式俗称"通转"。

"通转"是南北建筑文化的融合体，它既有北方四合院的大气，又有南方楼阁的秀色，普遍应用传统的梁、枋、檩、柱木构造建造，把房屋的主要构件紧密地连接为一体，即使遭遇地震或风暴，也能"墙倒而屋不倒"。村里的每一座民舍都是实打实的木结构建筑，特别是分布在村中心的几座庭院，如新屋通转"凤跃鱼游"、下通转"奠厥攸居"、上通转"凤竹鹤松"、里通转"千祥云集"和环溪楼、曲尺小院等，至今仍保持清代和民国初期的建筑风格，成为古村落的核心建筑。这个区域位于李家坑村的中西段，占整个村的约三分之二面积。这里的老弄堂、鹅卵石路、青瓦褐檐、马头风火墙、风格独特的墙门、风雅幽静的天井，无一不保持着古老、淳朴的风貌。

李家坑的新型建筑不多，除村办事处、章溪谷民宿及旅游小别墅外，村民宅居百分之八十都是双层木结构旧式楼房。

宁波传统村落田野调查·李家坑村

二 自然生态

（一）山水特色

　　李家坑原是高山深处的一块坑洼，处于四明深山腹地，四周青山环绕，背倚杖锡山的最高山峰——幢起岩。由幢起岩向东延伸下来的两座小山包，形体大致相似、大小均衡对称，既无坡高途陡的险要，更无悬崖峭壁的凶势，山坡上竹翠树绿、花香鸟语，两山脚下是一方较平坦的地块，这就是李家坑祖先发族的宅基。两座绿茵连绵的小山，好似父母身上两只坚实的大手，紧紧地把李家坑村落拥抱在怀中，让人们感受着父爱的伟大和母爱的温暖，这两座小山包就是"大坟山"和"后头山"。从高处遥望，两座小山形如两条活生生的青龙，小山包脚下的地坪，就是村落所在。据传，两条"青龙"的脉络来自天台华顶山。李氏先祖龄一太公的坟墓恰恰在"龙脉"的中心位置。村北的大溪坑中屹立着一块菱形巨岩，只有一个棱角接触地面，虽然看起来极不稳固，但是历经千百年的洪流冲击，却丝毫没有移动，历来被人们称为"天上掉下来的玉珠"。"玉珠"的位置正对双"龙"，因而李家坑的山势被称为"双龙戏珠"。

　　李家坑上有榧树潭水库，下有周公宅水库，两个水库之间有约3千米长的大溪坑，溪水自西向东一路自余姚奔腾而来，流至村西，被巨大的崖岩挡住，流向改为向东北，绕村而过，由于地势平坦，水流也逐渐平缓，在村边绕了大半个圆圈的弯，又改向东南方向流去，形成了玉带围腰的地形。这大半个圆形，就像鲨鱼的背脊。在大坟山和后头山之间还有一条常年长流的小溪，溪水自杖锡山峡而来，源源不断，自高而下穿过村落，汇入大溪坑，向东而去，形状正似鲨鱼背脊上的鳍；西边的大溪坑边有一道巨岩，被称为"鱼鳃角"。综合大溪、小溪和岩石的形态，这就形成了一条活生生的鲨鱼。李家坑的溪水既有鲨鱼跃向大海之势，又有回眸故里、依恋不舍之态，再配上大溪坑流域的溪谷、峭壁、奇岩、幽潭等众多景观，因而被称为"鲨鱼跃海"。

　　李家坑村南面靠山、北面环水，村落的地理位置在山水间形成"凸"状，又有道冠山作为屏障，在风水学上称为"汭"位，就是"形胜"的吉地，在四明山区极为少有。山如"双龙戏珠"，水似"鲨鱼跃海"，李家坑也因此被先人称为"鲨龙之地"。

（二）古树名木

李家坑村古树种类极多，有树龄300年以上古树共18棵。这些古树都由鄞州区人民政府挂牌保护。其中太公坟旁边的锥栗树、黄檀树和村口的香榧树最有历史价值。

1. 锥栗树

距太公坟不到10米，是李家坑始祖龄一公定居那年亲手栽下的，作为落户扎根的象征，距今有380年历史，因此也叫"坟头树"。树身近20米高、两围粗，夏天绿叶遮阴，秋天果实累累，被村民视为祖先的化身。锥栗树的果子能吃，而且味道极美，族里有个不成文的规定：严禁上树摘果子，只能等到果子熟透了落到地上才可以捡。传说曾经有一个孩子禁不住果实的诱惑，爬到树上摘了几个。他的父母知道后，严厉地批评他："树是祖先的化身，作为子孙，怎能踩在太公的身上呢！这是大不孝的行为！"于是就罚儿子在祖坟前跪了半天，向太公磕头求饶。

2. 黄檀树

也是始祖太公定居时栽下的古木之一，树龄与锥栗树相同。此树离太公坟仅2米，根基扎实、挺拔高大，夏天开枝散叶，将太公坟遮于绿荫之下，冬天迎风挺立、雄风不减。每年春天的时候，它不发芽，立夏过后也不发芽，依然是光秃秃的样子，不知底细的人还以为它树老根死，干枯枝萎了，没想一到黄梅季节，一阵大雨，山洪暴发，黄檀树便发芽吐叶，几天后就枝繁叶茂，大有风华正茂之势，因而人们称它为"大水黄檀"。

3. 香榧树

位于李家坑四明廊桥南侧，树主干有两个人合抱之粗，它根部在路边，树干树枝却向路中心倾斜，姿势优美，细叶婆娑，终年不萎。这棵香榧是夏姓祖先所栽，已有近600年历史，其树龄和村落同龄。徐姓祖先迁入后，在立基创业时没有动它。接着，李姓祖先在这地坪上建起一座座宅院，香榧树正好挡在路口，李姓祖先不但没有把它移位，反而把它保护起来。之后，它就成了李家坑村的风景树、风水树，也是李家坑人心目中的神树。每年秋去冬来，这棵香榧树在奉献了它的果实后，仍嫩叶常青、茂盛不减，虬枝曲折向天，大有老当益壮之势。从十几年前开始，村里的人纷纷向外地迁移，这棵古树似乎也要告老退休，每年的果实越来越少，枝头也露出枯萎的样子。让人没想到的是，近年来古树焕发青春，重添新枝嫩叶，600岁高龄的香榧树又果实累累。有人说："这就是香榧的神树效应，村衰树则败，村兴树则盛。"

（三）植物资源

地处深山的李家坑，竹木柴草是常见植物。野生植物有：松树、柏树、刺杉树、青柴、芦秆、茅草、郎尖、葛藤、藤橘、毛栗、山楂、毛竹、青尖竹、乌竹、淡竹，以及各种孟菜、荠菜、马兰等。

种栽植物有：柳杉树、吊红树、柿子树、榧树、银杏树、锥栗树、茶树、玉米、番薯、黄豆、芋艿、冬瓜、南瓜、茄子及其他各类蔬菜瓜果等。

六月霜

六月霜，又称"奇蒿"，南方药用名为"南刘寄奴"。它是四明山区最普通、最常见的植物之一。夏天的时候，它生长在山间小道边或竹林丛中，枝干挺直、叶儿青青，顶尖开着一串串白色小花，从远处望去，犹如点点霜雪，因而俗称"六月霜"。

　　李家坑人有喝茶的习惯。在炎热的夏天，用六月霜泡茶饮用，除可润喉止渴、消热解暑外，还具有消食开胃、益肝养颜等作用，对冠心病、慢性肠炎及结肠炎等病症有良好的疗效，还对大肠杆菌、伤寒杆菌等10多种病菌有抗菌作用。据资料显示，六月霜中含有17种人体必需的氨基酸和维生素C、维生素B_1、维生素B_2，以及胡萝卜素和铁、锌、钙等多种微量元素，常饮六月霜茶，可增强人体免疫力。

　　刚从山间采来的六月霜，不宜食用，须储存一年以上。新鲜的六月霜无论枝叶花果，泡出来的茶都不入味，不但没有药效，而且火重。将新鲜六月霜晒干后扎成小捆，搁在厨房的碗橱上，至第二年夏天，其颜色由绿色变为棕褐色，此时枝叶、花籽均可入茶。使用时将六月霜折成小段，放入茶缸（茶罐），用开水冲泡，霎时，一股淡淡的苦香味随着氤氲的水汽弥漫开来，充满整个房间，经久不散。但刚泡的茶还不能喝，等凉了喝才有味道，茶中带一点苦味，苦中又略带甜味，还带有淡淡的药味。六月霜放得越多，泡出来的茶就越浓越苦，喝起来越解渴，喝到嘴里先是苦的，慢慢地有了甜味，很爽口。特别是刚从地里劳作归来的人，多喝几碗六月霜茶不但不伤身，而且使人心情舒畅、浑身舒适。

　　六月霜的籽对治腹泻有较好效果，是山村人家的必备良药。村民空闲时上山采一些来，晒干、包装好，除自己家用外，还作为礼物馈赠亲朋好友，平原地区的人们甚至上门来要，李家坑人当然有求必送。

（四）动物资源

　　李家坑村家养动物有：牛、羊、猪、鸡、狗、兔、猫等。野生动物有：豺狗、野猪、野山羊、麂狼、黄鼠狼、野猫、地老鼠、野兔、松鼠、老鹰、喜鹊、八哥、黄莺、斑鸠、麻雀、翠鸟、猫头鹰、乌鸦、蜈蚣、山蚂蟥及各种有毒蛇和无毒蛇等。

　　水生动物有：山蛙、石蟹、泥鳅、黄鳝、溪鳗、虾、水獭、乌龟、甲鱼及石斑鱼等各种淡水鱼类。

石斑鱼

李家坑村有长达5000多米的大溪坑，上有榧树潭，下有冷龙潭等许多深水潭。50年前，冷龙潭最深处有约4米深。水潭中水生动物极多，鱼、虾、龟、鳖样样都有，光鱼类就有十几种，其中石斑鱼数量最多，最易见到，也最有特色。

小溪石斑鱼为鲤形目、鲤科鱼类，学名叫斑条光唇鱼，其头小，体梭形丰满，背低而宽，身体呈椭圆形稍侧扁，口大嘴尖，全身深青或棕褐色，腹部颜色较浅，体侧两边各有6—8条黑色横斑纹。背部肌肉发达，鳍色黄且大而有力，善逆急流而上。小溪石斑鱼属冷水鱼类，生活于南方山区的溪流、沟涧或深潭底部，生长缓慢，个体小，最大的不超过100克。喜欢生活在水质清澈、无污染、砾石底质、水流湍急的小溪中，春夏喜在浅滩觅食，秋冬则进入深潭避寒。常以下颌处发达的角质层铲食石块上的苔藓、藻类及有机碎屑，每年6—8月在浅水急流中产卵。其肉鲜美，而其卵有毒，误食会引起腹泻、腹痛、头晕、呕吐等中毒症状，猫、鸡等动物食其卵会引起死亡。但常食此鱼的李家坑人深知其中奥妙，决不会误食鱼卵。

李家坑人捕捉石斑鱼有一套技法。捕前准备两根小竹梢，然后卷起裤脚下水，用小竹梢使劲在水面上拍打，吓得那些石斑鱼拼命地往石缝里钻，这时候捕鱼者双手配合，往石缝里一摸，一条条石斑鱼就被抓上来了。

石斑鱼肉质细嫩，肉多刺少而软，脂肪含量低、蛋白质含量高，营养丰富。其个头虽小，但滋味特鲜。可红烧，鲜美可口；可油炸，外酥里嫩，是百吃不厌的美味佳肴。

宁波传统村落田野调查·李家坑村

三 生产生活

（一）农业种植

1. 二十四节气农事

李家坑属西部山区气候，水稻一年一熟，各节气的农事要比平原地区推迟一个节气，大致如下。

立春：是一年中最早的一个节气，这一天，农民不出去干活。立春后要做的农事有：给豆、麦、油菜施肥，铲坑培土；给蚕豆插竹梢；清理被冬雪压倒的竹木。

雨水：给大豆、大麦、小麦清沟排水，给茶树整枝、施肥，翻整洋芋艿地，修葺茶灶，做好备耕工作，准备木柴及采茶制茶工具，种树育林。

惊蛰：种洋芋艿，育番薯种苗，继续备柴及备耕。

春分：给大麦、小麦、油菜施追肥，继续种植洋芋艿，进行南瓜、冬瓜、夜开花、茄子等作物下种育苗。

清明：开始到外放牧耕牛，到朝阳山挖毛笋，拗鸟笋。

谷雨：挖毛笋，起畈耕田，割田坎草，采摘茶叶（头茶），耕秧田，制茶，做秧板，种南瓜、带豆、蒲、茄子等作物。

立夏：播秧子，种植玉米，培育番薯秧苗，耕田、耙田、田边操漏，制茶叶。拗龙须笋、制作羊尾笋干。

小满：种大芋艿、苋菜、玉米、黄豆等，给秧苗施肥，水稻田灌水、施基肥，拔油菜。

芒种：玉米、黄豆、带豆、茄子等作物的种植活动结束，开始进行割草、施肥等培育管理，水稻插秧。

夏至：种植番薯、芝麻，水稻耘田、施追肥，割柴脑、嫩草积肥。

小暑：继续做好水稻和各类作物的培育管理，给番薯除草、施肥、培土、翻藤，种赤豆。

大暑：山区处于农闲时期，大多数青壮年劳力到平原地区帮工割早稻，留下的人管理山区和灌溉水稻田。

　　立秋：烧焦泥积肥，砍夏柴，割柴脑。

　　处暑：烧焦泥积肥，种荞麦，育菜秧，种萝卜，再次翻番薯藤。

　　白露：种白菜、雪里蕻等蔬菜。

　　秋分：荞麦、蔬菜培育管理，水稻田排水搁田。

　　寒露：摘吊红、柿子，割稻，播种草籽，收赤豆。

　　霜降：继续摘吊红、柿子，收割稻谷，开始收番薯、扯黄豆、掰玉米，种植油菜、豌豆、蚕豆，采摘香榧、银杏、毛栗。

　　立冬：种植大麦、小麦，刨、晒番薯干，搓玉米粒，收拾田里的稻草。

　　小雪：开始砍冬柴，油菜除草、施肥，上炕保暖。

　　大雪：给大麦、小麦、豆类作物除草施肥。

　　冬至：继续砍冬柴，培育春花作物，打草鞋，养冬牛。

　　小寒：继续砍冬柴，开山造地，砍竹伐木。

　　大寒：给大小麦田和油菜田施腊肥，开垦茶山。

2. 种　洞

　　种洞，也称种缸，是西部山区农民用来贮藏种子的一个洞穴。李家坑村地处杖锡山区，俗话说"杖锡呒六月，遮拢就落雪"，过去每年冬至以后，大雪纷飞、冰天雪地，温度在零下5摄氏度左右。放在家中的芋艿种、番薯种等，若不采取保暖措施，都会被冻坏冰死，严重影响来年生产。

　　后来，有人把这些新鲜的番薯种埋在地下过冬，到春暖花开的时候刨出来，虽然没有冻坏，但大多数已经腐烂。失败是成功之母，从此人们有了新的认识：种子贮藏在地下，只要有适量的空气和一定的温度，就不会腐烂，就能保鲜过冬。经过多次实践，终于有了挖洞贮藏生鲜种子的办法。

　　种洞要选择在离村落较近、朝南向阳、干燥不渗水的山坡上挖，要求土层质硬、没有石块、有一定黏性，洞口不宜过大，一般直径在80厘米左右，只要一只箩筐能放得下去就行。从洞口往下挖1.5米至2米，这一段称"洞颈"。洞颈的直径可以比洞口稍大一些，但是宜小不宜大，一是因为这一段要保证泥土的厚度，确保种洞不会塌方；二是为了控制空气对流，使洞内保持一定的湿度和温度，确保贮存的种子不会变质腐烂。洞颈挖到 2 米后，开始逐步拓宽，形成一个葫芦的样子，洞壁从上到下，呈现椭圆形的圆弧状，这可以让洞壁顶住上面的压力。洞深 5 米至 6 米，洞底直径约 4 米，有一间小屋大小。最后要把洞底铲平，以摆放各类种子。洞壁修理得既匀称又光滑。由于地气运转，冬天洞内温度在 10 度左右，夏天在 20 度左右，可谓冬暖夏凉，真如现在的空调房一样。

一般来说，每个种洞由十几户农家合挖，挖成后由这些人家共用。他们每天轮流出两个劳力，一个在洞内挖土，并把土装进土箕，一个在上面用绳子把土箕拉上来将泥土倒掉，耗时约半个月，便大功告成。然后洞内放入一把梯子，以便上下。各家把各类种子放妥后，用茅草编成的草扇盖住洞口，这样既可以防止外界冷空气和雨雪侵入，又可以阻止洞内空气外流。

种洞除贮存芋艿种、番薯种外，如果尚有余地，还可以把过年要食用的蔬菜一起贮藏在洞内，这可保持蔬菜新鲜。但是，一个小小的种洞容纳不了十几户的蔬菜瓜豆，怎么办呢？于是人们又从种洞上得到启发，每一家各自在朝南向阳的山里挖个深 1 米左右的地洞。这地洞两头小中间大，形似酒埕，洞口用稻草封住。此洞虽然没有种洞的功能强大，但是，它也有一定的防冻保鲜作用，可短时期贮藏蔬菜。

3. 种田起家

在始祖太公落户徐家畅后的几十年，李氏宗族已初具规模，因此"徐家畅"改名为"李家坑"。那时，人们以玉米、番薯为主粮，一年到头很少能吃到米饭。为了改变这个局面，就有人想到种田。但附近都是高山峻岭，平坦的土地极少，于是人们就到余姚大岚那边承租水田，自己耕种。几年后，手中攒了点钱，并掌握了水稻栽培技术，就开始买田买地，发展生产，之后，许多人成了"种田财主"。虽是老板了，但李家坑人不忘祖训，以勤为先，以俭为本，坚持积少成多的理念，不断地积累资金，扩展家业。大多数李家坑人从原来的承租土地耕种，发展为买进土地出租，每年净收租谷。这是一项一劳永逸、坐收净利的买卖，正所谓"种田财主万万年"。200 多年来，李家坑一直是富人的聚居之地，被称为四明山的"聚宝盆"。人们凭勤劳和智慧发家致富，购置的土地遍及上虞、嵊州、鄞州、奉化、余姚五区、县。每次秋收以后，李家坑通往外界的三条古道（蟹坑岭、道冠岭和燕岩岭），就会出现让人惊奇和羡慕的情景：各地的佃农，挑着丰收的谷子，排成长龙，像赶集一样涌往李家坑，前来交租纳粮。土地成为李家坑人的生存之本。清乾隆时期，靠种田起家的李家坑人，头脑活络、眼光敏锐，虽然已是富甲一方，但是他们并不满足于"种田财主"的身份，抓住国泰民安、世事昌盛的大好机遇，开始向经商发展。他们把山区的羊尾笋、茶叶等山林特产装运出去，又把外面的日用百货带进来，既改善了山区人民的生活，又增加了经济收益。当时，李家坑人的足迹遍布各州各府，与外界的交易越来越多，村里开始有了南货店、药店、染店、水作坊等商号。

富裕了的李家坑人不忘根本，他们用从事商贸赚来的钱，继续买入土地来出租。直到土地改革，这种出租土地的经济形式才宣告结束。

4. 番薯的种植与加工

李家坑的气候条件和土壤结构很适宜种植番薯，因而在过去，李家坑人有大批种植番薯的习惯。番薯的产量很高，每株平均在一斤以上，每户每年至少能收几千斤。番薯既能生吃，也能煮熟吃，可刨丝晒干，制成番薯粉，还可以加工成番薯片、番薯枣子等。

每年谷雨一过，农家就开始培育番薯的种苗，到芒种后，气候进入梅雨季节，阴雨天气较多，这是种植番薯的最好时机。种番薯的田垄要做得高一点，每垄只能单株插种。栽种时，只要把番薯苗的一节栽入土中，它就能生根发芽；两天内没有烈日曝晒，就能成活。到了大暑前后，番薯藤已长到一仞多长，就要割草施肥，同时还要把藤翻一遍。在20世纪70年代前，番薯的品种是单一的"红皮白心"，它的特点是藤长叶多，又要节节生根，如果不翻上几遍，就会影响产量。（到20世纪70年代后才改为胜利8号等良种，不需要翻藤）

过了霜降，就是番薯收获的旺季，家家户户起早贪黑挖番薯，要赶在落霜前把所有的番薯收到家里。那时候，各家都养了猪，番薯的藤和叶是猪的饲料，如果藤叶遭霜打后枯萎，下半年猪的饲料就无着落了。

番薯的贮藏期很短，到农历十一月后，山区就会下雪结冰，那时番薯就会受冻腐烂。如果大量的鲜番薯放在家里，不及时处理加工，半年的辛劳就将白费。根据传统的经验，加工番薯的方法主要有以下几种。

一种是刨番薯丝、晒番薯干。这是处理加工番薯的主要途径。把大量的番薯洗干净后,用番薯丝刨刨成3厘米至4厘米长的薯丝,抢晴翻晒。如遇阴雨天气,得将它晾在通风处,不能让它发霉变质。在较好的光照下,晒上三四天,最好抢中午阳光最强的时候,猛晒几小时,趁热贮藏在干燥的地方,密封保存。一般每百斤鲜番薯能晒成20斤左右番薯干。番薯干只要不受潮,就能长期食用,把它和大米拌和,放在锅里煮成番薯干饭,既香又甜,开胃又耐饥,常吃这种饭的人会身强力壮,精力充沛,所以有人把结结实实的男人称为"番薯阿大"。也有把番薯干磨成粉的,制成番薯糕、番薯饼,不用加糖添料,蒸熟以后,已是香气扑鼻、甜味十足。

另一种加工的方法是晒番薯粉,每户人家制作的量不会很大,最多的也就500斤左右。具体做法是抢在鲜番薯刚收进的几天(番薯越新鲜淀粉含量越高),把番薯洗净后,用一段竹节紧密的毛竹根头,将鲜番薯在竹节凸起的部位上下摩擦,磨成糊浆,或者将番薯切成小块,用石磨磨成粉,然后将薯浆灌入布袋,在盛满水的木桶中搓洗,布袋中逐渐剩下沉渣,淀粉都沉到水底。最后把水倒尽,将凝结的淀粉用锅铲取出来,晒干后就成了番薯粉,也称浆粉。浆粉既可以用来炒菜起浆,也可以加糖搅拌成糊状食用,更多的是加工成粉丝,成为餐桌上的美味佳肴。

(二)林业特产

1. 吊红、柿子

吊红、柿子是人人都爱吃的水果,民间有"红红瓶、绿绿盖,千人见,万人爱"的谜语,民谣《十二个月》中也有"十月吊红夹柿子"的佳句。

过去,许多宁波人把吊红、柿子统称为吊红,其实,它们既是同类,又有区别。吊红呈椭圆形,以个小、皮薄、汁多、味甜而闻名。吊红刚摘下来时有点硬,但在米缸里捂一夜就好吃了。其味美核小,口感柔软,营养丰富,老少皆爱。柿子是人工培植的,个头比吊红大,呈扁圆形,品种很多,有黄柿、青柿、硬柿、汪柿等。柿子采摘后要储存几天后才能食用。李家坑的吊红、柿子比平原的生长期更长，成熟期更晚，因而口味也更佳，并具有预防高血压、心肌梗死的作用。医学上把它们作为日常保健的水果推广，每天吃上100克，可以有效预防动脉硬化、心脏病、中风等疾病。

李家坑种植吊红、柿子已有500年历史，至2014年共种植650亩，年产吊红5万公斤、柿子10万公斤，经济收入相当可观。为了提高吊红、柿子的知名度和美誉度，2012年10月14日，李家坑举办了首届吊红旅游节，邀请各方游客玩赏山水古宅，采摘吊红柿子。"吊红节"一年一届，年年有新的内容，届届有新的特色，吸引了江苏、上海等全国各地的游客。吊红、柿子成为游客争相购买的"热门货"，也成了村民增收致富的"发财果"。

2. 羊尾笋干

也称笋尖、笋干，是四明山区的传统特产。李家坑多山地，竹林较多，是羊尾笋干的主要生产基地。每年清明节到芒种这段时间，小竹山竹笋旺出，先后有乌笋、绿笋（也叫芬到兰）、黄干笋（也叫黄壳郎）、鳗笋、龙须笋（也叫大笋）等。李家坑以龙须笋为最多，这种笋壳薄肉嫩，味道鲜美，是制作羊尾笋的最好原料。再加上李家坑人烧烤时每道工序一丝不苟，因此李家坑的羊尾笋干质量特别好，在外有较好口碑，产品也很畅销。每年每家农户少的出产五六百斤，多的出产几千斤。这些羊尾笋密封储存到农历六月，就要开封出货，有的挑到大皎或余姚梁弄，批给中间商，再销往全国各地，有的运到鄞江桥、黄古林等集市出售，当时的零售价与猪肉价格相近。

3. 银　杏

果壳为纯白色，因而也叫白果，是干果中的佳品，既能当零食吃，又可作为菜肴食用。食用前先要去掉壳内一层褐色的衣，并且不能多吃，吃多了会导致神经麻痹，有损健康。银杏有一定药效作用，每天适量食用（每人每天吃十几颗），有清血作用，并能有效降低血压、预防心脑血管等相关疾病。

李家坑山上栽有许多银杏树，仅后山就有300多棵，棵棵高大挺拔，有的已是有几百年树龄的古树。而银杏树是树中的"寿星",能存活千年以上,上百年的银杏树正是风华正茂。每到夏秋之间,树枝上绿叶层叠、叶面如扇,结下的果实如夜空中的点点繁星,白色的果实镶嵌在绿叶之中,是一幅多么动人的画面。后山的银杏林为古村又增添了一道美丽的风景线。每年收获后,上万斤的银杏被包装后销往全国各地。

4. 香 榧

俗称香榧子,是干果中的珍品。外壳呈土褐色,果实白中带黄,两头尖、中间大,形似橄榄。烘(或炒)熟后可食,口味独特,有一种特殊的香味,越嚼越有味道,让人百吃不厌。香榧不但营养丰富,而且有药用价值,有润肺、止咳、消痔、驱蛔虫等功效,常吃香榧能使人身体强壮、延年益寿。

香榧树是常绿乔木,属紫杉科榧类,虬枝挺拔,细叶婆娑,是世界稀有干果树之一。一代果实从花芽原基开始,到果实形态成熟,要经历三个年头,故被称为"三代同树"。树的寿命较长,虽然形似老态,生命力却相当旺盛。李家坑香榧树不是很多,但上山游走常能见到,而且近年新培育榧树3000多棵,几年后即可收获成果。

5. 花旗芋艿

也叫洋芋艿,外地人称土豆。章水镇的杖锡、李家坑、燕麻、里梅、低坪等10个村,都处于海拔500至800米的山区,雨量充沛,土质和气候最适宜种植土豆。李家坑已有50多年种植花旗芋艿的历史。由于该芋艿品种产量高、口味好,培育方便、储存容易,因而李家坑每户农家都大量种植。过去芋艿只是自产自销,收获后便是一家人的下饭菜。每年惊蛰后开始掘地下种花旗芋艿,种植时施足基肥,出苗后再施一次追肥育苗,并适时进行除草培土,到立夏后就会开出白色或紫色的花朵,然后结成形如小西红柿的绿色果实,表示根部的芋艿初步成熟。芋艿必须赶在芒种前后、入梅前收获,否则遭遇梅雨天气,根部被雨水浸泡就会腐烂。花旗芋艿的产量较高,亩产约2000斤,每家农户每年收获在千斤以上。收获后晾干,放在干燥通风的楼板上,可以长期食用。

李家坑的花旗芋艿皮呈黄褐色，体形稍长，呈椭圆形或扁圆形，每个大小在 50 克至 100 克，肉质粉而实，熟后有醇香。它的吃法很多，可做菜（如土豆烧牛肉）、做汤（如咸齑芋艿汤），也可以配上其他食料炒制，最流行的是盐烤花旗芋艿。花旗芋艿已成为四明山区的美食和旅游景区的特产，游客们尝着香喷喷、面上带着盐花、内中不咸不腻、表皮皱巴巴的芋艿，个个赞不绝口，往往自己吃过了还要带些回家。

6. 茶 叶

茶叶历来是李家坑人的主要经济收入来源之一。在农业合作化前，每家每户都有茶山，各自采摘、手工制作，品种都为珠茶，被称为高山云雾茶，是茶中上品。20 世纪 50 年代后，集体办起茶厂，开始用机械制作茶叶，品种除红茶、绿叶外，还精制龙井茶，年产量达到 4 万余斤。近年，随着山林落实到户，李家坑茶叶产量有所下降，但质量有明显上升。李家坑人生产的手工茶叶"四明龙尖"，打上了"九坑"品牌，在市场上很受欢迎。

（三）生活习俗

1. 长羹下饭

李家坑以前交通不便，他们赶集买菜，来回近百里山路。起早摸黑，翻山越岭，还得带上冷饭充饥。因而除逢年过节外，李家坑人基本上不买菜，他们日常的一天三餐，吃的"长羹下饭"就靠灶间里的"一甏两桶"。

一甏，是指臭卤甏。这种甏肚皮大口子小，便于加盖封口，一年到头装着臭卤，是名副其实的"臭卤食品加工厂"。过去鄞西一带流行"三臭"，即臭冬瓜、臭苋菜股、臭芋艿腐，李家坑人不但以"三臭"为下饭菜，而且发展臭卤为地方特色。每年春夏之际，他们把晒笋鲞、晒笋麸咸齑、烤羊尾笋干后斩下的笋根头和笋梗子，煮熟后丢进臭卤甏内。经过几个月的密封贮存，到秋冬时节，这些原本无用的废料,变得又耐(腐)又软,既臭又香。取出一碗来放上少量菜油,摆在饭锅里蒸一蒸,揭开锅盖的时候,一股浓浓的香味扑鼻而来,使人食欲骤增,胃口大开。有人说:"臭卤过饭饭更香,一碗一碗吃勿饱。"的确,臭卤有开胃作用,初闻它时觉得有点臭,但仔细品味,就感到有香味了。李家坑人把臭卤甏当作百宝甏,什么农副产品都要往里面臭一臭、卤一卤,除冬瓜、苋菜股、芋艿、笋之外,还有芋头、萝卜、茄子、蒲等。臭卤中还要放辣椒,防止生虫。这些臭卤是李家坑人一年四季常吃不厌的美味佳肴。

两桶,就是咸齑桶(由于交通不便,山区都以桶代缸)。李家坑的咸齑有两种,一种是雪里蕻咸齑,另一种是白菜咸齑,两种咸齑分别腌制,因而为两桶。

雪里蕻,樟村一带称贝母地菜,是腌制咸齑的最好原料。根据李家坑的气候,在秋分前下种,至立冬后割进,每户人家好几百斤,腌满大大一桶,要吃时抽上几根,炖汤、清炒、煮鱼、烤笋都可以。有时出门带饭,冷饭中夹上几根咸齑,就能吃得津津有味。

白菜咸齑,用的是山区特有的"大树白"品种。每年处暑前下种,寒露前收获,每棵有二尺多高、好几斤重。腌制的咸齑不大会变质,能常年食用,李家坑人每年腌制的量也很大。白菜咸齑爽口,颜色洁白,生吃、煮熟再吃都可以。最好吃的就是菜心了,用它下饭,不用煮、不用炒、不用添油加醋,那种酸溜溜、美滋滋的味道,会让你终生难忘。

2. 草鞋和上山袜

草鞋和上山袜是一个组合,配套使用。在20世纪80年代前,因为李家坑处处坡高路峻,荆棘丛生,又有山蚂蟥、毒蛇会吸血咬人,人们上山劳作时穿上草鞋和上山袜,既可以防滑,又可以避免山蚂蟥、毒蛇侵袭,所以穿草鞋和上山袜成了生活习惯。而且家家自己制作,男人做草鞋,女人缝上山袜,自制自用,既实惠又省钱。改革开放后,草鞋和上山袜逐步从生活中消失,如今要想在李家坑找到其使用痕迹,已是相当困难了,只能根据老年人的记忆,把这两件东西的制作过程和作用记录下来。

制作草鞋的主要原材料是稻草(也有用箬壳或破布条做的)。在每年晚稻收割后,把较长的、干净的稻草收起来,要用时去掉杂质,理得清爽有序。其次是,山上有一种长得像芦苇一样的草叫"芒",割来后去叶剥皮,将皮搓成绳,称"芒绳",可以作为草鞋的筋(也有用葛藤为筋,后来改用络麻)。

做草鞋的工具也很简单,主要是一个木制的丁字形草鞋扒:正面的木块上有9个木齿,中间一个高约4厘米,两边各4个,高约2厘米,背面施上一根带钩的木头,再配一个小小的木钩,即可操作使用。

制作时,先预备好一条长凳,将草鞋扒的木钩子钩住长凳的一头,人坐在长凳的另一头,面对草鞋扒,腰间系好绳子,扣住小木钩,以搓好的芒绳为筋,将筋系在草鞋扒的木齿上,与腰间的小木钩连接,再把准备好的稻草用手拣一下,一道一道地编在筋的中间,每编一道就要扭一下,不断来回。从草鞋"鼻头"开始,中间要分别编出"小扭""大扭"(穿绳用),直到编到草鞋"后跟",才算基本完成。接着,将编好的草鞋放在滚水里煮一煮,这样草鞋会变得柔软,穿起来更舒适。最后穿上草鞋绳就可以了。

上山袜,外地人也称草鞋袜,是用白布缝成的长筒袜子。做一双高质量的上山袜,需要近3米白布,花费近10天时间。先裁剪出袜底、袜筒,然后用搓好的麻线一行一行地缝,缝得越密越好,特别是脚底部位,因最容易磨损,要做得特别仔细,得用好几层白布像纳鞋底一样纳得结结实实。有的干脆在底部再缝一双薄薄的鞋底,就算上面袜筒破了,袜底也不会磨坏。在过去,通过一家女人做的上山袜的好与坏,就能看出这家妇女针线活儿的水平。一双好的上山袜,脱下后直放在地上,袜筒能笔挺地立着,不会倒。而做这双上山袜的女人就会得到人们的称赞,男人穿上也会感到自豪。

另外,还有一种用头发做成的上山袜,叫"发袜",质量更好。把各种头发收集起来纺成线,用织毛衣的钢针编织出来的"发袜",穿着更舒服。

3. 布襕与缭绞

在20世纪80年代前,地处山区的李家坑,女人系布襕,男人系缭绞,这是他们持续几百年的生活习惯。在当时的生产和生活中,布襕和缭绞确实有一定的意义和作用。

先说说布襕,也叫围身布襕,过去是家庭妇女的专用品。顾名思义,布襕是围在妇女身上的一块布,多数为毛蓝颜色,但也有少数是黑色的,长和宽都为 80 厘米左右，上端有两条带子，系在腰间，长至脚踝。每一家的主妇早上一起来就会把布襕系好，直到晚上睡觉才解开。为什么她们这么喜爱系布襕呢？原因有三。

一是，每个主妇一天到晚忙忙碌碌，生火烧饭，洗衣洗菜，养鸡喂猪，容易弄脏衣服，而且腰部和脚踝之间是最易脏的部位。有布襕系在身上，污秽都会在布襕上面，不会脏了衣服，有时手脏了，也可以撩起布襕揩一揩。而且平时洗布襕要比洗衣服容易得多，所以许多妇女备有两条布襕，轮流更换，保证清洁卫生。

二是，布襕能保温暖身。在过去，人们没有什么毛线衣、羊毛衫，衣着单薄，到了天冷时节，一条布襕能把外衣裹紧，就好像多穿了一件衣服。

三是，放下是布襕，撩起是兜袋。女人家上山挖笋、地间摘豆，布襕就是随身带的容器。左邻右舍有什么往来，用布襕兜着，既方便又避人眼。每年的采茶季节，李家坑女人肩背茶篓，腰系布襕，会先把鲜茶兜在布襕里，然后放入茶篓。

再说缭绞，是一种长约1米、宽约20厘米的布带，颜色也以毛蓝和玄色（黑）为主，过去是成年男人必备之物。民国以后，长袍马褂虽然逐渐消失，但是穿长衫的风气尚流行。山间的男人觉得穿着长衫空荡荡的，无论走路、干活都不方便，就在腰间系上一条布带，这就是缭绞。后来长衫逐渐改为短衣，但缭绞照常使用，成了男人们的习惯穿着。又如俗语说："柴嘴（柴根）当棉袄，葛藤当缭绞。"后一句说的是一些买不起缭绞的人，也会采来山上的葛藤，系在腰间，当作缭绞。

缭绞制作方便，使用灵活，而且花钱少，用途多。一是裹身保暖，把内外衣系紧，既防冷风侵入，上山干活也轻便；二是遇到要捆要绑的东西时，即可解下缭绞当作绳子使用；三是如带着小孩子外出，翻山越岭抱着不方便，可用缭绞把孩子绑在背上，孩子舒服，父母轻松。

20世纪80年代以后，布襕和缭绞逐步消失，20世纪90年代后完全绝迹。

4. 土法照明

土法照明，是就地取材，不用花钱的一种照明方式，从李氏祖先定居开始，一直沿用了三百多年。用得最普遍、历时最长的就是亮篾爿点火。

亮篾爿，也叫亮篾白，制作方法非常简单。首先把砍来的毛竹去掉根部和竹梢，劈成手指般宽的长条，去掉篾青，留下篾白。再把篾白锯成长 2 米左右的段子，每 20 至 30 根扎成一捆，浸在水中，目的是让水逐渐抽完篾白中的竹浆。一个月后，篾白表面稍微变黑，就捞上来晒一晒，放进屋里储存，随时可以点火当灯了。每户家庭每年需求量很大，一般几个月就要制作一次。

在需要照明的时候，抽出几根，随手往火坑或灶洞一戳，就能点燃，冒出的火焰是白色的，没有烟，也没气味。吃晚饭的时间，厨房放一根，餐厅放一根，就可以照亮整个屋子。它还有一个特点，就是亮篾爿烧成的灰，即落即灭，不会引发火灾。如夜里要出门，把几根亮篾爿扎成一束，就是一个火把，把黑暗的夜色照得光明。尽管亮篾爿照明的优点很多，但它有一个缺点常使人感到麻烦，那就是摆放十分不便。摆放在桌面上，一不小心就会烧坏桌面；把它插在楼板和搁栅的夹缝间，日子久了，楼板就会被熏得墨黑。有些人干脆人走到哪里，把篾爿带到哪里，睡觉前才把它放在床边熄灭。

还有一种照明的方式，是用松油柴头。劈柴的时候，会发现松树中有一种叫松油的东西，这是松树浆凝固而形成的物体，容易燃烧，一小块松油柴能烧好长一段时间。人们把它取出来，放在家中作照明之用。使用时要把带有松油的柴头装入铅丝编成的火篓中，点火起燃，马上就能给人带来光明，而且火势会越烧越猛，不怕被大风吹灭。其缺点是有明显的黑烟，容易把家具什物熏黑，空气也会被明显污染。因此松油柴头不适于室内使用，只能作室外照明。

到了二十世纪四五十年代，李家坑人开始在地里种植油菜，每家每户都有菜油，就有了用菜油点灯的习惯。人们把菜油放在碗盏或碟子中，从山上采来灯芯草，剥去皮，取一段草芯（约 15 厘米长），一半浸在菜油里，一头伸出在外，用火柴点燃，就有火苗。菜油灯虽然光线不强，但方便安全。

1959 年，李家坑村村边建起了鄞州区第四座水力发电站，家家户户都安装了电灯，沿用几百年的土法照明退出历史舞台。

（四）文化教育

1. 李氏书塾

在李氏家庙左边，有一栋一进三间一弄的两层楼房，围墙外的大门上方书有"李氏书塾"四个大字，这里就是李家坑村耕读文化的摇篮和基地，也被称为四明文化之源，当地群众习惯叫它为学校。

李氏书塾源于1868年，由李圣良、李圣恩兄弟二人捐田50亩，兴办"善教堂"书塾。因为当时没有校舍，学生挤在堂前间上课。后来，李家坑族人捐款集资，买下了现在书塾的这块地基，建成了李氏书塾。至今，在书塾正面围墙中还嵌着一块小小石碑。虽然历经140多年的风吹雨打，石碑字迹已经模糊，但仔细观察，还能看出上面记载着的十几位资助地基费用的先辈的名字。

办学初期，书塾的课程强调国学修养，学生以读经史为主。至光绪二十六年（1900），村绅士李怀珂改"善教堂"为"李氏学堂"，并亲自任教，提升了办学档次，教学内容增加了珠算、唱歌等。这样的办学方式，即便在当时的宁波府内也属少见。鄞县（今鄞州区）主管教育的官员还奖励给学堂一架风琴。在一百多年前的这片山区，响起了悦耳的琴声和歌声，老师教学生唱《唯我同胞》《世界大同》《美哉中华》等歌曲。

民国元年（1912），李氏学堂改名为"私立李家坑善教小学"，其教学内容更加丰富，增设笔算、国画等课程。五四运动以后，学校办学理念更新较快，提倡男女平等就学，于是李家坑的女孩子纷纷上学读书。此后，李家坑涌现出许多女大学生和女留学生，如李瑶珠、李玲珠、李慧珠、李碧华、李碧秀等。她们从大山深处出来，走向全国，走向世界，用知识铸就辉煌，成为优秀的时代巾帼，也成为李家坑人的骄傲。

一个小小的李家坑，自晚清时期出了两个秀才以后，知识人才如雨后春笋，层出不穷。为了进一步激励学生努力上进，学校建立了奖学制度，凡李家坑村学子考取大学，每一学期奖励其两元银圆，到学校总管处领取。1942年，经鄞县（今鄞州区）国民政府教育科批准，学校改名为"鄞县杖锡乡代用中心小学"，并因地制宜，根据山区气候特点和农时季节，改暑假为农忙假，具体安排是：每年立秋后放"稻时假"一个月，让学生帮助家里秋割秋收；春耕种田季节，每天下午二三时允许学生离校四十分钟，为在山上、田间劳作的家人送点心，既体现了"唯耕唯读"的精神，又锻炼了学生吃苦耐劳的意志。

李家坑办学早，教学效果显著，人才辈出，在四明山区引起了轰动，各地学子千方百计想进李氏书塾读书。除杖锡一带学生外，赤水、余姚大岚等各地的学生也都慕名而来。当时李家坑被称为四明文化之源。

中华人民共和国成立初期，在全民扫除文盲运动中，无论城市还是乡镇，都有不识字的"亮眼瞎子"存在，但是在李家坑村，经过考查，却没有一个文盲。这也是对李氏书塾办学成果的一个极好的证明。

2. 文化礼堂

文化礼堂是李家坑村的又一地标性建筑，地处东边村口，与李氏家庙、李氏书塾并列，位置十分显眼，是展示该村传统文化的主要载体。

李家坑村文化礼堂始建于2014年，由五间旧式房屋改建而成，占地150多平方米，门面建筑雄伟壮观，装饰古朴大方，充分体现出中国传统村落的真实风貌。进入大门，从左手入口，首先跃入眼帘的是"建设发展廊"。各栏目图文并茂、内容丰富，从李家坑的历史渊源、时代变革，到村落的发展前景，让人们能看得清清楚楚、明明白白。接着，"村史情怀廊""文化遗产廊"依次排列，展示山林特产、非物质文化遗产及四世同堂的图片。展示实物有李家坑"十八地主"生活场景、传统的生产农具和各种生活用具。室内众多展品具体体现以下两个特色。

地区特色。文化礼堂展示的村级非遗项目有竹篾匠编织技艺、泥水匠手工技艺、箍桶匠手工技艺及手工布鞋制作技艺，都具有浓厚的山区生活气息。展示的木耙、铁犁等农具，从形状看与平原地区的木耙、铁犁无差别，但它的实际尺寸要比平原地区使用的小得多，因为山区田块小，使用小农具方便。另外，展示的各式男女草鞋，也是山区生活的一大特色。

时代特色。"十八地主"生活场景展示的是一户地主家的卧室物件。当时李家坑人生活富裕,"土改"时有18户人家被划为地主,但他们的生活并不奢侈,简单、朴实的几件家私就是他们的生活写照。另外,室内展示的一部小型灶用风箱,虽然并不起眼,但仔细推敲却很有价值。在二十世纪六七十年代,由于物质匮乏,平原地区都使用风箱灶以节省燃料,这类小风箱家家都有,但在大山深处,遍地都是树木柴草的李家坑,为了节省燃料,居然也拉风箱烧饭,这是一个特殊之处。

由于各方面原因,该文化礼堂在开展文体活动方面尚有欠缺。

宁波传统村落田野调查·李家坑村

四 物质文化遗产

（一）民居建筑

1. 新屋通转"凤跃鱼游"

新屋通转是李家坑村占地面积最大、装饰最精美、保存最完好的四合院，因为是通转屋中建筑年代最近、最年轻的宅院，因而被称为"新屋通转"，正面门楼题字"凤跃鱼游"。占地面积780平方米，建筑面积为1292平方米，均为两层楼房，房屋从东、西、南、北四面合围起来形成宅院，正屋共九间，中间三间朝天井，其中正中一间为堂前间；左右各三间与两侧厢房相接，门前各有一条暗弄堂出入，北面弄堂口侧门题有"水云居"三字。正屋前两侧的厢房各四间，其中三间朝天井、南边一间与大门间相接。以大墙门为中心的三间大门间全部面朝天井，只有一间屋面深，正中的两扇大门正好与堂前间相对。

新屋通转从外观看是一座相对封闭的住宅，关起门来自成天地，具有较强的私密性，然而推门进去，内部却十分通透，各个门道都与外界连接紧密。为了使内外融为一体，这里的设计是颇有意味的。除宅院有一道朝东的双扇大墙门外，正屋前两侧的走廊各开设一扇侧门，每户人家的正门都通向天井，大家可以聚集在这个并不宽敞的天井中聊天、洗衣晾晒，还可以植树种花、叠石造景，居住在这里的人相亲和美，其乐融融。为了方便，每户人家还开有后门，这大门、小门、正门、后门既是与世隔绝的屏障，又是人们往来的通道。各家的房屋由游廊彼此连接、贯通四周，即使在雨天，串门也不用走湿路。

宅院的门楼虽是民国初期的建筑，却有清代风格，颇具大户人家的气派。大门口由长条石垫铺的三格步阶，有步步向上的寓意；高雅的门楼、八字形的墙门，都显耀着大户人家的气派。一跨进大门门槛，首先看到的是天井，其面积约130平方米，大致呈正方形。地面用被溪水冲刷得又圆滑又光洁的鹅卵石铺成，并用鹅卵石的色彩拼出各种图案。虽然现在有点高低不平，有几处缺口，但仍不失当年风采。

屋檐下游廊的地面也很有特色。它是用一块块长方形小石板铺起来的，略带红黄相间的色泽。虽然它没有水泥地光洁,但它有较强的防滑功能。游廊四周的阶沿石是用厚厚的、泛着黄色淡光的长条石铺就,历经一个世纪的风雨,依然完好如初。院内的栓斗、牛腿样式各不相同,其上雕刻着天神、武将等人物。窗闩上有穗状雕饰,细腻雅致。游廊顶部做工考究,圆拱形的椽子都刷过油漆。挑檐的柱托、抱柱上也雕有人物鸟兽、亭台楼榭、山水花鸟等图案,而且姿态逼真,形象生动。游廊四周的花格窗棂嵌有双喜和蝴蝶花板,显得玲珑剔透。廊柱下的磉盘石都是四方形的花岗石材质,磉墩精制成鼓形,还雕有莲花花瓣,磉墩的装饰与廊柱的装饰十分协调。

新屋通转"凤跃鱼游"建造于1919年,有将近100年的历史。当时老房子发生火灾,院内五户居民的住宅全部被烧毁,大家商议统一筹资重建家园,房屋设计参照苏州园林样式,泥木工匠、木雕师傅全部从东阳请来。包工头亲自在樟溪河里挑选石头,作为基础的建筑材料,并严把质量关。所有参与施工的师傅都拿出看家本领,在几个月的工期里,保质保量地完成了全部工程。

在二十世纪六七十年代,这里住着一百多人。至90年代后,由于种种原因,年轻人逐渐向外迁移,剩下一些老年人留守宅院。如今,宅院的居民已全部搬迁,宅院成为专门接待游客的民宿。

2. 下通转"奠厥攸居"

下通转"奠厥攸居"是李家坑村具有代表性的四合院,由于两个宅院紧邻,因其居下位而被称为"下通转"。其始建于清代康熙末年,距今已有300年历史。整体建筑面积约1300平方米,由正楼、两厢及门屋组成。正楼九开间,厢房为三开间,均为两层木结构建筑,深度为七柱九檩,其中一间建有暗楼,两边建双马头风火山墙,下半截均为石块,上半截为青砖。正楼与厢房由耳房连接,正楼的中间为堂前,为红白事及祭祀用。堂前外挂有"福备齐眉"匾额,意为子孙满堂、白头到老;堂前内正中上方也有一块匾额,书有"守经堂"三字。这"经"指的是经书,训示后代子孙要认真读书。

整个宅院由两横两纵四个单体组成,它们各自独立,彼此用高墙连成一体。门屋建筑颇有特色,正门楼是八字形墙门,高雅大方,"奠厥攸居"四个大字十分醒目。院内天井均为鹅卵石铺就,虽然卵石缝间偶有小草,显得有点苍老,但它纵横、斜角线条明显,并有各式图案。门面走廊装饰讲究,木雕多用缠枝纹木,显示山里人平和的心态和爱好素雅的审美观。正楼背面南侧的墨线纹饰尤为惹眼,其上篆文"福禄",其下竖书双排对联:"劝业俭勤,传家耕读。"回廊屋檐与柱子交界处的木雕非常精致,内容相当丰富,有戏剧人物、飞禽走兽、梅兰竹菊等。北侧有一道双扇边门,朴实素雅,门匾书有"得月楼"三字,古老陈旧的两个铁环和门扣仍旧保留着昔日的风采。跨进此门,就是正屋和厢房之间的弄堂,直通宅内,出入十分方便。

至于门楼上"奠厥攸居"题字,历来有两种说法。一是据说此处原来的地势高低不平,主人填平地基、建造屋宇花费了不少精力和劳力,他希望子子孙孙能够在这里攸长攸乐地居住下去,因而将其命名为"奠厥攸居"。另一种说法是"奠厥攸居"典出《尚书·盘庚》:"盘庚既迁,奠厥攸居,乃正厥位,绥爰有众……适于山,用降我凶,德嘉绩于朕邦……用永地于新邑,肆予冲人,非废厥谋,吊由灵各,非敢违卜,用宏兹贲。"其意思是:盘庚由奄地迁至殷地,奠定了居所。傍山选址,可以避凶迎吉,新址是个很好的地方,居住在那里可以使殷商朝发达起来。虽然迁移时曾有过激烈的争论,但后来事实证明,盘庚迁殷以后,人口渐渐兴旺起来,商王朝才有了几百年的旺盛时期。此宅主人极有可能受"殷道复兴"的启迪,因而选高低不平的土地立基建屋,并定名为"奠厥攸居"。

3. 上通转"凤竹鹤松"

位于下通转"奠厥攸居"后面的上通转,大门匾额为"凤竹鹤松"。它的地理位置处于下通转之上,地基也比下通转略高,因而得名。其建筑面积为873平方米,建造于康熙末年,距今已有300年历史,建造者为李氏宗系(自唐王李世民起)第43代后裔学秀公。他建成上下两个通转宅院后,由儿子李圣良、李圣恩继承家业,至今已留传至李氏宗系第50代、李家坑始祖太公第13代后裔。

两个通转前后相隔一条仅2米宽的弄堂,弄堂北口原建有一道月洞墙门,把上下两宅的马头墙连接起来,形成统一格局,墙头两侧为钱纹花瓦,这种建筑形式在村中独一无二。宅院正中开大门,门楼由青砖叠成。匾额白地黑字,虽不华丽,但朴实高雅。院子左厢房前的一方小花坛引人注目,坛中曾有一株天竺、一株茶花和一株古枫。

上通转是由正楼和左右两间厢房组成的三合院,正楼九间,两侧厢房各三间,均为七柱落地,五柱上楼,正中堂前间与大门相对。天井(院子)面积约140平方米。这是众家共用的空间,住户可以在此晾衣晒物、休闲聊天,夏天乘凉、冬天晒太阳,是左邻右舍和谐共处的场所。正楼后墙临近蟹坑岭下的小溪,淙淙流水日夜流淌,人们从后门出来,就可以在溪水中洗衣淘米洗菜,尽情享受大自然给予的恩赐。溪边曾有一座竹园和几棵松树,松竹映翠、风啸鸟鸣,为宅院增添了无限的风光和美丽的色彩。当年的建造者是个有识之士,极有可能是深受翠竹劲松的启发,才把门匾名定为"凤竹鹤松"。

4. 里通转"千祥云集"

"千祥云集"是李家坑村靠近山脚、最里边的一个宅院,因而被习惯性地称为"里通转"。始建于清康熙初期,距今已有340多年的历史,是由一幢正楼和两进厢房组成的三合院。

与其他通转不同的是,里通转院内有前后两个天井,正楼仅三间,中间为堂前间,左右两间为民居。据传,此屋为当时太公的大儿子和三儿子合造,左手边为大房,右手边为三房。屋前天井不大,约60平方米,用鹅卵石铺就,虽然石缝间绿草丛生,却更体现出古朴风采。屋后天井像一个后花园,种植的绿色蔬菜衬托着花草树木,构成一幅美丽的图画。西侧一棵枣树冲天而立,春时开花,夏天结果,秋天的时候,甜蜜的果实让人们大饱口福。天井内古松挺立,茶花盛开,枇杷树根深叶茂,使人见了仿佛身临《红楼梦》中的大观园中。后天井背靠山体,用块石砌成石坎,有天然的雄伟之势。

两侧厢房各五间,屋檐滴水与正楼风火山墙不到一尺之隔。东厢房走廊南边有石砌步阶通道,可以通往上面的大路。从上面往下望,下面一正两厢前后天井的布局,是一个明显的"H"形。

民间有一个传说:里通转在建造的时候,正好它上面的大栗树上的喜鹊也在做窝,就在正楼三间上梁那天,许多喜鹊在祥云下盘旋。有人说,这是喜鹊筑窝上梁的迹象,喜鹊是吉鸟,有先知先觉的灵性,表明这里是祥云瑞气集中的风水宝地,又遇上千年一遇的吉时,以后这正楼三间楼房绝无火灾之忧。建造者当即把门匾定名为"千祥云集"。

5. 环溪楼

环溪楼处于沿溪近水的地方，由于当时地基限制，大门不能开设在正面，但是设置在侧墙的门楼也同样显得尊贵与精致。它的整体构造都是能工巧匠精心设计和建造的，让人一见就有一种朴实完美的感觉。顶部装饰小巧玲珑，精工细作，匾额中"环溪楼"三个大字工整大方、刚劲有力，条石地栿（门槛）和双扇墙门显示着大户人家的气派。

环溪楼是李家坑宅院中最小的三合院，建筑面积约500平方米，占地面积331.4平方米。它的体形虽然显得娇小，但它的结构与工艺却别有风格，显得庄重素雅、落落大方。环溪楼的天井并不大，仅约20平方米，全部由鹅卵石铺地。环溪楼的主楼在前面，设为五间两垂头，左右带两翼与粉墙围合成天井院落，是独门独户的传统民房。翼楼的风火山墙采用猫拱背的形式，这是本地独一无二的建筑特色。卷棚檐廊，雕梁画栋，廊檐的牛腿及门窗雕刻精致，凤凰、牡丹形象逼真，蝙蝠、狮子栩栩如生。正厅六扇大门用花隔档做成，做工颇为讲究。正厅旁边两间楼不在正面设门，而设边门与正厅连通。主楼后面有一幢三开间的副楼，原来是主楼的附属用房，两楼之间相隔不到1米，空间高狭，楼阁相对，窗牖开合，颇可玩味。

主楼正厅和走廊的地面也很有传统风格，带着清末民初的建筑特色。看似光洁平滑的平面，乍一看还有淡淡的黄色的光，上面划成一个个方形。但铺地的材料是桐油、石灰、黄泥和糯米饭等，施工时按比例把它们捣烂、拌匀，然后倒在地上平整、夯实、磨滑，再划上线条，当时称它为"磨砖地"。至今已有一百多年历史，依然完好如初。

环溪楼在中华人民共和国成立初期为乡公所，是杖锡乡的政治、经济和文化中心，人民公社时期转为供销合作社。现今，该楼已成普通民居，并开设"环溪楼"农家乐餐饮。它正厅的两个柱子上尚留有"文革"时期的红色痕迹，虽然并不起眼，却见证了历史、时代的发展。

6. 曲尺小院

李家坑除三合院、四合院古宅外，还有曲尺小院等民宅建筑形式，分别是

"墩头"和"与鹿游"。

"与鹿游"民居南通李氏家庙,北靠村里的古宅群,坐西南朝东北,系木石结构两层楼房,建于公元1870年前后,距今约有150年历史,系晚清秀才李怀珂先生产业。它的主楼由两幢楼房相连,总建筑面积为924.6平方米,门前空间较大,阳光充足,是典型的传统民居。

第一幢共五间楼房,间深均为六柱九檩,每间设前廊,安装木质隔窗两扇。檐柱用材略大,牛腿方形,雕"万"字纹。北厢房面宽两开间,屋深五柱七檩,每间施木板门,双扇矮格窗,无前廊,牛腿卷云纹,置斗承托檐檩。

第二幢为七间楼房,屋深均为六柱九檩,设廊檐、单步梁。梁及柱子用材偏小,檐柱直接承托檐檩,梁头无雕刻,雀替饰如意花纹。建筑均为重檐硬山顶,外墙三分之二用石块垒砌,三分之一用青砖砌筑。走廊阶沿石和厅前地面由鹅卵石铺就,质地坚实、风貌古朴。

北面外墙开设石库门,门楣简单洁净、朴实高雅,匾额上方书"与鹿游"三字,大门楹联为"溪声常在耳,山色不离门"。"与鹿游"源于《孟子》中的"与鹿豕游",楹联出于一首古诗,原文是"溪声长在耳,山色不离门。扫地树留影,拂床琴有声。一言寤主宁复听,三谏不从归去来"。

墩头,共七间木结构楼房,占地370平方米。其右方曾有一处石墩头,因而得名。它的建造年代和建筑结构基本和"与鹿游"相同,但有一处与其他房屋不同,即楼房正中堂前间的椽子明显挑出20厘米。这是为什么呢?据传,此楼建造时,为了出入方便和通风朝阳,房子的朝向正好与李氏家庙相对。按传统规矩,这是一件冒犯祖先的大不敬之事,也会使全村风水流失,以致带来灾祸。当时宗族派人出面交涉,但是,房屋的木结构框架已经打好,生米已成熟饭。最后,根据风水先生的提议协商解决:将墩头正中堂前间屋檐椽子加长,表示对祖宗的敬畏和歉意,另外在门前砌起一道照墙,以防止风水流失。如今,原来的照墙虽已移址,但仍保留着旧时风貌,加长的椽子依然很显眼地展示在人们的眼前。

7. 老弄堂

李家坑村落看上去是屋挨着屋、楼连着楼,造得非常紧凑,自然空间少了,弄堂也就多了。所有弄堂大致 2 米宽，按当时的设想，能让两个挑担的人让道而过，红、白两事能畅通无阻，就是村里的交通大道了。弄堂纵横交错、曲折狭长，短的几十米，长的百来米，有的敞亮，有的阴暗，像一个八卦阵。初进来的人不知底细，从小弄堂进去了，再转一两个弯，还是老样子的弄堂，这时候，就会怀疑自己是不是迷失了方向，或者会找不到回头路。其实，李家坑的弄堂并不零乱，而是错而不乱、多而有序。如果仔细梳理一下顺序，主要弄堂可以归纳为三横四纵，像一只"竹编羹架"。每一条弄堂，都有它的名字，如"木鱼巷""上横弄""下横弄""溪边巷"等。弄堂与三合院、四合院、曲尺小院及其他民宅紧密相连，每个宅院的大门、中门、边门都是紧连弄堂的，打开门，弄堂就是唯一的通道，从每条弄堂都能抬头就看到山景。它是"通转"古宅不可缺少的组成部分，更是李家坑村特有的古色古香的建筑风格。

弄堂的地面百分之百是用鹅卵石铺就，既有防滑、渗水的功能，又让行人有步履舒适、脚踏实地的感觉。弄堂两边的大墙气势雄伟，上半截用青砖砌起，下半截统一用垒石砌成，有一颗颗五彩卵石，也有一块块山岩方块。石匠师傅砌墙手艺堪称一流，把石块拉成一条条横线，层层叠叠、有条有理，坚实美观，风雨无畏，水火不惧，抗灾害能力极强，不变形、不变色，年代越久，越能显示它的风采。

弄堂是李家坑的一处静地，慢悠悠地走在村中的弄堂里，冬日阳光普照，给人带来无限温暖；夏日山风穿堂而过，为炎炎暑日增添几分凉快和惬意。在弄堂口的墙门边，老人们坐一把椅子，旁边一只杯子，手中一把瓜子，喝茶聊天。他们说古道今，无忧无虑，享受着神仙般的日子。

在李家坑繁华的年代，弄堂深处也曾有发达的商贸经营，这里开设过药店、染坊、南货店、水作坊等多家商号，在 20 世纪 60 年代，还曾有供销合作社。至今，弄堂内的副食百货供应点仍天天货源充足、顾客不断。

8. 鹅卵石地面

鹅卵石地面是李家坑古村落的主要特色之一，村里除大溪坑两边的公路外，几乎清一色的用鹅卵石铺地，弄堂、天井、屋前屋后的空间、广场，所有的道路、步阶无一不是鹅卵石铺就。据初步估计，全村 500 间房屋，前后左右的鹅卵石地面有1万多平方米。

卵石是村前大溪坑取之不尽的资源，它们原本是河溪里的普通石头，经千百年流水的冲刷和磨炼，才丢棱去角，演化成圆滑光洁的可爱模样，形状与鹅蛋差不多，因而被称为鹅卵石。自公元1644年李氏始祖太公在此定居开始，鹅卵石就成为热门的建筑材料。先祖们因地制宜、就地取材，用鹅卵石奠基、砌墙、铺地、修路，鹅卵石成为李家坑基业不可缺少的主要材料。无论是李氏家庙、李氏书塾，还是三合院、四合院，这些建筑的天井、道路，无一不是用鹅卵石铺起来的。多的已有三百多年历史，少的也有近百年历史。古宅的天井中，虽然偶有几处缺口，或者缝隙间长出杂草，甚至高低不平，但是从线条、花纹和手工技艺来看，它们的历史价值和艺术价值是不可估量的。也正是这些苔痕斑斑的鹅卵石，留下了一代代李氏祖先艰苦创业的坚实脚印，展示了李家坑村悠久的人文历史。

铺设鹅卵石地面，是一项技术性很强的手工技艺，操作的工匠既要有熟练的技巧，又要有一定的艺术构思，把每处场地制作成一件件工艺品，使其既要有长期的实用价值，又要有永恒的观赏价值。具体工艺流程是：首先选择好颜色各异，大小、形状大致相同的卵石，在平整的基地上铺上三四厘米厚的沙泥，将卵石的三分之一埋入沙泥中，这样一个个排列整齐，然后再用沙泥拌上少许黄泥，填平夯实，既要保证卵石不动摇，永久牢固，又要保证雨天不留一滴积水。最后用平尺测定平面，如发现过高的卵石，则设法敲平，确保整体平坦。在操作过程中，工艺标准除牢固和平坦外，还要体现地面的整齐与美观。施工时，工匠得拉起横线、直线做准绳，使整个平面分成一个个方块，再仔细观察，还能看出斜线衬托的立体感。工匠们还利用卵石的色彩和形状拼制出各式花纹图案，真是方中有圆、方圆结合，环环相套，五彩纷呈。

9. 马头墙

马头墙，民间俗称风火山墙，它的主要功能是在火灾发生时隔断火源，防止火势蔓延，并有装饰墙头、美化宅院的作用，因其形酷似马头，故称"马头墙"。

李家坑因为房屋密集，又都是木结构建筑，有一家失火，就会殃及全村，所以建造马头墙是很有必要的，而且建造的都是三马头或四马头，并具有三个特点。

基础扎实。墙脚是马头墙的基础，也是整个宅院的基础，李家坑石材资源相当丰富。建房奠基时，把大量的石块埋在墙脚地面之下，层层叠垒、环环相扣，能保证马头墙几百年不变，上千年不倒，抗灾能力特强。

层次分明。李家坑的马头墙分为三个层次，低层为石料层，采用溪滩中的大卵石或宕山的小方石，工匠不用石灰、泥沙，把这些石块整齐排列，二十几厘米为一层，既整齐又美观，砌至2米左右后，就改用青砖砌墙，把一块块长方形的青砖横直交错，组成空斗，用石灰作刀口，称青砖层。一直砌到屋檐，然后开始高层的马头设置。工匠要拿出看家本领，把山墙的一个个形似马头的翘角做得小巧玲珑，有棱有角，使其既有山墙的风貌，又有马头的威势。

明朗素雅。马头墙建筑完成后，低层石块保持原有本色，中心青砖层用石灰抹面，使墙面洁白纯净，马头顶部青砖黛瓦，黑白分明，显得明朗素雅，纯真朴实，就像一位山村少女，不涂脂抹粉，不画眉点唇，既不婀娜多姿，也不装腔作势，亭亭玉立、大大方方，浑身散发出自然美的光彩。

分布在李家坑村的马头墙有几十堵之多，它们建筑年代不同、位置方向不同、地势高低不同，看上去有点零乱，似乎整体布局没有经过统一规划和设计。但仔细梳理一下，就会发现这一堵堵各自独立的马头墙又好像是精心布置的"马头阵"，这些马头墙相互依托，共同抵御风雨侵袭，迸发出坚不可摧的力量。如把"上通转"和"下通转"紧密连接的马头墙,似古代战争时使用的"连环马"，形成势不可挡的阵势。又如"凤跃鱼游"与"奠厥攸居"一条弄堂之隔（仅2米距离）的马头墙，犹如两驾马车，一路双缰并驰。而首居村口的"李氏家庙"马头墙，似众马之首，显示着"一马当先"的威武。

（二）碑、寺庙

1. 善教堂义塾碑

在李氏书塾大门内北侧，屹立着一块极不惹人注意的石碑，碑高2米、宽

1米，上面的文字已经完全看不清楚，这就是李家坑村的《善教堂义塾碑记》。石碑虽小，却影响深远，它记载了李家坑人"善教"的史实。经过拓印辨认和有关专家鉴定，确定全文如下：

> 国初李君龄一自永康来，卜居其麓，子姓繁衍之数十家，以其氏氏地，曰李家坑。屡世力田，隐德不耀，洎学秀君有志族塾，欲以诗书之教，启迪樵鲁，铢积其资，工费克举，乃命二子圣良、圣恩，踵为之。同治戊辰，良兄弟相地于宗祠之左，内斋门外次第偕作，割田五十亩以充修缮膏火之费。既成，再拜请记于乎。
>
> 开国之际，四明固战地也，西陵军溃，监国东行，遗臣故老假成旅之众，经营岩穴以挽荒朝之末命。于时，王公完勋在杜岙，张公苍水在平冈，李公研斋在东，张公云生在大皎，小寨之军若金汤，邵一梓俞国望之属尚多有之，八百里之间，壁垒相望，腥岚血瀑，草木皆兵，山之人流离转徙，其能完室家而安生聚者，盖亦仅，何暇谋几席之地，为读书计乎迨夫。
>
> 兴朝以轻徭薄赋之政，保艾我民，父老子弟遂得课耕稼樵，牧之恒业，以自遂其养面。龄一君适其时东迁乐溪山之胜，奠定所居，沐浴乎干羽之化，亦既有年，家风淳朴，以诏以勉，至于今，宗支秀发，隶名上庠，乃能推先人遗愿，精庐腴壤，以加惠于族人，何其笃也。吾是以知，国家久道化成之效，而为吾乡风俗庆也。四明隶郡境，旧有图志，其所载者，名贤之别墅、高士之隐察、缁流羽客之宫宇耳，即诸忠遗壘，亦以忌讳不详，而况其他也。今以李氏之族塾，标举于洞天福地之中，俾夫弦诵之声，与岩壑相应和，亦足为名山增重矣。三楹颜曰善教。
>
> 良字思轼、恩字思棠，龄一君七世孙
光绪建元二月记
正谊堂文集卷九十一

2. 羽灵庙旧址

李家坑村的休闲公园，曾是羽灵庙旧址，50年前尚有一幢后大殿办了茶厂，

如今已是花坛亭阁，旧景不在。但岁月一定会留下它的痕迹和记忆，关于羽灵庙的传说仍在许多老年人口中流传。

传说早在康熙年间，当时的夏、徐、李三姓合资在村西一个叫馒头垄的地方造起了一座庙宇，取名"羽灵庙"（现在仍有人把那里称为老庙基地），庙里供有一尊判官菩萨。后来，村里发生了一件怪事：一些挑着猪牛泥或人粪便的农民，如果从庙前经过，回家后就会肚子疼。有人说，是这些污秽的肥料冲犯了神灵，判官菩萨要对挑肥料的人进行惩罚。为了表示对神的尊重，大家经过商议，决定迁移庙址。

新的庙基地选择在村口东边，"左青龙"靠山，"右白虎"近路，路外就是大溪坑流水，庙门正对村庄，这样一是能让神灵更好地保佑弟子百姓，二是让大路避开庙门，防止类似污秽冲犯神灵的事件发生。

新建的庙堂为前后两进、左右厢房，占地约400平方米，前进三间门面，正中双扇大门，两边屋内有手执水火棍、举着令牌的公差泥塑，厢房内供奉着如来佛、观世音等佛像，形成了庙庵合一的格局。后进三间为正大殿，中间设案桌、暖阁，上挂帐帘匾幅，正中端坐大王菩萨，龙王、判官、财神等神像分列两旁，神采奕奕，十分威风。逢年过节、初一月半，李家坑的男女老少都要到庙里进香，在菩萨前磕头跪拜，祈求平安幸福、风调雨顺，甚至家中有什么事情发生，也要进庙里求签问卦。据说，庙里有位菩萨会医兽，村里谁家的猪羊病了或者耕牛发痧中暑，都会带到庙里祈求，请菩萨在净水、供品上施药。如果病畜转危为安，就要拿糕点或水果到庙里答谢，这种方式称"还愿"。

1953年，羽灵庙泥塑神像全部被毁，从此庙堂破落不堪，接着又被改为生产队的茶厂。到了1966年，连最后留下的后大殿也被拆除。后来，有人在"狗头颈"的山坡上偷偷造起一间小屋，里面供了几尊神像，许多人常到那里点香烛拜祭，以表示虔诚之心。如今，羽灵庙遗址已改为公园，仅留下面积约20平方米的山壁。

3. 李氏家庙

李氏家庙始建于康熙末年，距今有300多年历史。其实，这只是家族的宗祠，因为李世民是唐朝的皇帝，李氏宗祠才有称"家庙"的资格。为了显示皇家宗族的威严，在家庙前经过，必须"文官下轿，武官下马"。

因为是家庙，所以它的结构与装饰也与祠堂不同，庙堂内的雕画气势恢宏。后殿采用皇家才有的"接椽"形式，就是把一根椽子用两根杉木连接起来，有"代代相传"的寓意。绘龙也与众不同，匾额、牌位必须一应俱全。它的建造规格和祭祀方式，也得按家庙的规定严格执行。

李氏家庙地处李家坑纵横交错的道路中心，主体坐西朝东，合院式结构，由前后两进和左右厢房组成，占地面积322.6平方米。一对石狮子威风凛凛地守卫在庙门两边，"李氏家庙"四个金色大字赫然在目，屋檐下整齐的一排木栅栏，更让人感到几分神秘和敬畏。抬头看，前厅屋脊上写有"风调雨顺"，后殿屋脊上左边写着"本支百世"，右边写有"国泰民安"。

前厅为门屋，面阔五间，后殿与前厅同宽，明间抬梁结构，进深五柱七檩，厢房位于天井两侧，面阔三开间。打开双扇油漆大门，迈过门厅，即天井，一只红底金字的香炉，在鹅卵石地面上特别显眼。后殿高悬三块匾额，正中一块写有"世美"两字，这也是皇亲国戚的特有荣耀，由于李氏在宋朝时出过李太后娘娘，李家坑人才把"世美"匾额高悬正中。左边匾额为"孝通神明"，这是光绪皇帝褒奖给李怀福之妻吴氏的节孝匾，右边则是显示卓越功勋的将军匾。打开神堂阁的花格木窗，就是一排排李家坑祖宗的牌位，他们按辈而列，顺序分明。牌位前的柱子书写着两副对联，一副是"承祖业克勤克俭，示子孙唯耕唯读"，概括了家训；另一副是"曲永邑来此子孙瓜瓞绵延，乘大唐遗风家族飞黄腾达"，概括了李氏渊源。左右两壁挂着六幅祖先画像，他们就是李家坑的奠基人和创业者。家庙的万年台红漆锃亮，上面写着许多告诫子孙的格言，如"勿营华屋、勿谋良田""与肩挑贸易，毋占便宜，见贫苦亲邻，须多温恤"等。正因为有这些格言熏陶着历代子孙，李氏宗族才有纯正朴实的家风，历来没有发生过一例犯罪案件。

李氏家庙先后经四次修缮，2010年的修缮规模最大，耗资最多。幸亏当时家庙内设施、匾额等保存完好，李氏家庙才恢复了原来的面貌。

（三）古桥、古井、古道

1. 万世桥

在村委会门前，有一座横跨大溪坑的公路大桥，桥名为"万世桥"。虽然此桥建造于2015年，但"万世桥"的名字却有将近百年历史。

李家坑自发族以来，村边大溪坑一直没有桥，人们过溪靠放在水中的一块块石头（称石步）。每逢大雨过后，洪水漫上石步，就得涉水过溪，给生产和生活带来极大不便。1922年，李万相太公首先捐出500元大洋，牵头造桥，许多族人也纷纷慷慨出资。方案确定后，由在上海做石匠包头的李阿甲师傅主管工程建设和质量。

经过几个月的紧张施工，造桥工程将近收尾。此桥为三眼石砌拱桥，设计巧妙，工艺细致，外观气势雄伟，内饰别具匠心，在四明山区尚属首创。就在大功告成的当天下午，道冠岭上来了一支娶亲的队伍，因为溪水已漫过石步，人和花轿难以过溪，要求让花轿从石桥上过去。可是石桥尚未正式开通，任何人都是不允许通过的。这时候新娘子从花轿中走了下来，开口说道："新新人、新新桥，新娘过桥万世牢。"

于是，族长太公一锤定音，这座石桥就定名为"万世桥"。

可是，万万没有想到的是，第二天一早下起倾盆大雨，几小时后山洪暴发，大水冲垮了上游大俞村的一座木结构廊桥，桥身所有的木料都被冲了下来，被万世桥的三个桥洞挡住，洪水越来越大，结果把石桥全部冲垮，所有石料建材都不知去向，李家坑人造桥的心血化为泡影。

从此，"万世桥"只留下它的桥名，人们过溪涉水重走石步老路。后来，又在原桥址下游30米处搭起一座板桥，它就是现在四明廊桥的前身。2012年，为了加强古村落保护和保障村民交通安全，村口东边建起公路大桥，名为李家桥。2015年，在万世桥旧址又建造了新的公路大桥，这样，公路从村东绕开村落向西，仅500米的路段，一连造了三座大桥。人们为了不忘历史、牢记传统，依然将西边的公路大桥定名为"万世桥"。

2. 龙眼井

沿着李家坑村西小溪旁的鹅卵石路一直向上走,来到大坟山脚下,就可以看见一眼清澈见底的水井,这就是龙眼井。

龙眼井是一个圆形的天然水潭,潭中的水清如明镜,低头就能看得清井底每一个鹅卵石的色彩。井口直径约1.5米,深度不到1米,井底和井壁都用鹅卵石砌起,上面三边都用大个头的卵石砌围抱坎,留下一方平地作为用水场地。井外鹅卵石路直通各家各户。过去李家坑虽有溪水环绕,但人们煮饭烧茶却习惯用井水,因为井水是地下水,经过沙石过滤,无毒无菌无污染,要比溪水干净,按现在的说法是天然的矿泉水。而且井水冬暖夏凉,在冬天下雪的时候,雪片一接触水面就融化,三九严寒也不结冰,早上水面还会冒出热气,人们一到井边,就有一股暖烘烘的感觉;三伏天,井水分外清凉,取回家中可以当凉茶喝,绝不会引起肚痛腹泻,经常饮用还有祛暑防痧功效。每当炎热天气,井水就特别"畅销",到井边取水的人三五成群,尤其是傍晚时分,往往要排队。神奇的是,不管有多少人连续不断地取水,井中的水始终不干涸,有时稍微浅了一些,不多时就会保持原来水位。

离此井约50米距离的后山脚,也有一孔同样的泉井,两井遥遥相对,水的质量也完全相同,只是所处位置有点偏僻。在村里装上自来水以后,此井渐渐被人淡忘,至今仍保持原来的风貌。

3. 古 道

"出门三条岭,饭包挂头颈",这既是过去李家坑交通落后的写照,也是村民生活艰苦的缩影。由于李家坑村处在深山低谷,四面被大山包围,李家坑人要与外界交流,首先要翻山越岭,出门得带上冷饭包,以便路途中充饥。道冠岭、燕岩岭、蟹坑岭,这三条古道,是李家坑人通往外地的主要路径。

道冠岭

也叫唐古岭，地处李家坑村北，因为所在山顶有一处形似道冠的岩峰，所以被称为道冠岭。古道全长 1500 米，路面宽 1 米左右，用卵石砌成步阶，路段坡度时陡时平，与余姚市柿林古村相连接，向东 50 里即到达樟村街，再向外就是小溪鄞江桥、宁波市区，向北 40 里就是余姚梁弄，可通达绍兴上虞各地。

道冠岭何年修建，虽然没有文字记载，但有一点可以肯定，它是这里有史以来的第一条道路。理由是 500 年前夏家人定居后，虽然自耕自给，但是油盐酱醋等日用物品必须向外采购，儿女婚嫁等大事也得与外界交流，没有一条出路是绝不可能的。而且道冠岭处于夏家人居住的屋后，离柿林村最近，修建此路顺理成章。有了这条道路，夏家人才有活动和生存空间。而且柿林沈氏的人也得到便利，纷纷向这一带迁移，现在的百步阶、筲箕斗、柞湾三个自然村的村民都主姓沈，全是柿林沈氏的后裔。

燕岩岭

也叫鹰岩岭，地处李家坑西北，是通往余姚大岚的主要通道，全长约 2500 米，中途有一段平斜路段，路端有一凉亭，名为"回马亭"，供过往行人停担歇脚，亭中有土地菩萨像，过去常有李家坑人在亭中施茶施草鞋。

燕岩岭的历史是李家坑人艰苦创业的历史。清朝中期，李家坑已是人丁兴旺，附近的山林土地已经难以满足发展的需要，人们的目光开始瞄向大岚。那里虽然也属高山地区，但地势相对平坦，田地较多。有了燕岩岭古道以后，李家坑人先在这一带租田耕种，积累一些资本后，就买进土地，除自己种植外，还出租给当地农民。据说当时大岚附近 60% 的土地都姓李，李家坑人每天来来往往，翻越古道就像迈门槛一样。燕岩岭成了种田致富的必经之路。

蟹坑岭

全长 3000 米，旁边小水坑中有蟹，因而得名，是李家坑向南通往杖锡各地的唯一通道，再往外走可达奉化、嵊州等地。如果从李家坑出发，经蟹坑岭古道到达杖锡，再从杖锡摩崖石刻的古道回到李家坑的百步阶自然村，仅 10 里路程。古道时平时陡，一路用鹅卵石铺就，两旁翠竹绿林、花香鸟语，风景美如画，春有红花绿叶遍地,秋有红枫吊红满山。

蟹坑岭古道是李家人经济发展鼎盛的标志,从清朝晚期到民国,南边的奉化、嵊州、新昌的诸多区域都有李家坑人置买的土地出租。那里的气候和灌溉条件相对要比大岚好,水稻产量也相对较高。每到秋收,来交租的佃户成群结队。他们挑着丰收的稻谷,高高兴兴地从蟹坑岭上过来,交租后又签订来年的租田契约,欢欢喜喜地从蟹坑岭上返回。蟹坑岭的每一块卵石,都留下了他们的脚印。

(四)其他古迹

1. 神仙洞(风凉洞)

神仙洞也称"风凉洞",位于李家坑村口公路上海拔 100 多米的山峰。该地岩石高耸、道路险要,岩石间大大小小几个洞口,洞深如地道,蜿蜒曲折,错综复杂。洞内空间有大有小,大的面积有十几平方米,小的只能容一个人勉强通过;洞身有高有低,高的 2 米以上,低的地方人得弯着腰才能过去。洞内恒温,常年温度在 20 摄氏度左右。夏天凉风阵阵,让人感到阴凉舒适;冬天暖气袭人,一件单衣即能御寒,真所谓冬暖夏凉、常年如春。

神仙洞分东洞和西洞,两洞之间相隔约 10 米距离。这是一段崎岖小道,得翻石跨岩方能过去。东洞里面像一间间岩屋,洞内地面相对平坦,有各种形状的石块,可供人们坐下休息。人从这个洞口进去,又从那边洞口出来,真像捉迷藏一样。西洞要比东洞宽敞,最大处能容纳几十个人,洞里的岩壁奇形怪状,忽而凹进,忽而凸出,让人如入仙境迷宫。从进口到出口,弯弯曲曲几十米,爬怪石、穿窄道、越险岩、过坦路,让人时惊时喜,趣味十足。

据上几辈人传说,在很久很久以前,道教的元老、八仙中资格最老的铁拐李,慕名来到四明山,在"三十六洞天"之第九洞天游玩了一阵,觉得洞天福地并不过瘾,于是来到神仙洞这个地方,只见洞外山清水秀、雾环云绕,洞内清静洁雅、通风干燥,于是打定主意要在此洞筑炉炼丹、修道养身。但是两天以后,汉钟离、吕洞宾等七位神仙找上门来,硬要拉他一起去东海桃花岛云游,铁拐李只得依依不舍地离开了洞穴，只留下"神仙洞"这个名字。

清朝同治年间，溃败的太平天国兵丁流窜到李家坑，村里的人纷纷上山避难，有几十个人躲进了神仙洞。那时，正是三伏天，太阳晒得人透不过气来，可是一进山洞，阵阵凉风就使人觉得清凉舒适。太平天国兵退后，人们回到家里，心中却难忘洞中的凉爽。从此，原本并不引人关注的岩洞，因风凉而闻名，后来就被称为"风凉洞"了。

2. 龙心石

李家坑村有一块特殊的岩石，这块岩石既不依偎山旁，也不紧靠溪边，而是躺在平坦的宅基地上。它凸出地面50厘米左右，长、宽都不到3米，没有因为风雨的磨炼而变得似鹅卵石一样光洁圆润，而是仍然保持着原始的风貌。它是千万年前由一团炽热岩浆凝固的普通石头，有着坚硬结实的质地，又形成了似寿星额上一般成熟老练的纹理，显示着难以估摸的神奇色彩。据说此石是活的，它不但会动，而且还年年长大，可是从未听说有人见它动过，也看不出这么多年长了多少。这块岩石就在村的中心，李氏家庙的斜对面，其形状如人们想象中的龙心，因而被称为"龙心石"。

龙心石，在李家坑男女老少的心目中是一块神石，更是村里镇宅保平安的"太平石"，人们对它都非常敬畏。李家坑刚建村时，夏姓、徐姓的祖先没有动过它，李姓祖先开天辟地创建家业，也没有动过它。之后几百年以来，无论是修建房屋，还是造路筑墙，都没人敢在它旁边动土，也没有人损坏它一点儿。连小孩也不会在旁边拉屎撒尿，更没有人在它上面摆放污秽的物件。所有人一见到它，就有一种肃然起敬的感觉，甚至不敢乱说话。

过去，村里一直有两个禁忌，其实也是两个猜不透的谜。一是龙心石好静，它不愿听到唱戏的敲锣声，否则村里就会不太平，甚至会发生火灾。所以在中华人民共和国成立前，李家坑从来不曾开锣做戏，怕的是万一犯了禁忌而招致不好的结果。直到"文化大革命"结束，人们在"破除迷信"思潮驱动下，才在李氏家庙前搭台做戏，而且戏台离龙心石仅几十米之遥。第一次做戏以后，许多老年人心里很担忧会发生火灾，所以处处小心，结果，几年过去了，村里一切如常，根本没有发生什么火情。虽然大家心中的担忧渐渐消除，但也有人感到奇怪，难道龙心石失去灵性了吗？后来有位德高望重的老人揭开了这个谜底，他说：这事跟"克勤克俭"的祖训有密切的关系。当初，李氏祖辈眼看村落越来越大，事业也越来越兴旺，担心后人日子过得富裕了，可能会产生奢侈浪费现象。他们认为村里请人做戏既要付给戏班子佣金，又要请客花费钱财，更会影响地里农活，是违背祖训的事情，李家坑子孙千万不可为之，因此借"龙心石听不得锣声"为由，向后人做警示。这是善意的谎言，可见李氏祖先的良苦用心。

　　一个谜底揭开了。如今，做戏成了李家坑人的常事，各种文体活动经常在村里开展，人们再也不会有任何顾忌了。可是，另一个谜题却无法解开，历来村里有传言说：龙心石非常神圣，不可侵犯，任何人决不能去动它。如有人把它污损，或者有大不敬的行为，必有报应。轻则小病小伤，重则人身遭遇不测。虽然这只是一个传说，但也没有人去亲身尝试，就当它是一个永远解不开的谜吧。

宁波传统村落田野调查·李家坑村

五 非物质文化遗产

（一）工艺技艺

民间工艺

手工茶叶制作技艺

茶叶，是李家坑的主要山林特产。过去，家家有茶山，户户自制茶，而且特别讲究制茶的每一道工序，因而茶叶的质量也比较高。民国时期，李家坑已有亨利、三友两家茶厂。茶厂把各家各户的鲜叶收购后，集中加工（当时全部为手工操作），再销往各地。根据老一辈人的回忆，手工茶叶制作流程和工艺相当复杂，记录如下：

① 晾燥。每年谷雨节后开始采茶，从山上采来的鲜茶，先要摊在地上晾一晾，如果是早上或雨天采的茶叶还得翻几遍，直到每瓣叶子上看不到水迹为止。

② 杀青。也叫爆茶叶，先用猛火把茶镬烧红，然后把晾干的茶叶放入茶镬中，每镬只能放4斤鲜叶，茶叶粘镬的时候有扑扑的响声，再用手不断地将茶叶往上挦，要挦得均匀，挦得高，让茶叶透出热气。到茶叶捏得拢又散得开，热镬上没有响声为止，就成茶片。

③ 揉条。茶片出镬后，放入篮中冷却，然后用双脚去揉。要说杀青是手上功夫，那么揉条应该是脚上功夫。用左脚将茶叶弄到右脚脚面，再用右脚的脚底往下搓，经过这样千百次反复揉搓，茶叶两边渐渐卷拢，成为茶条。

④ 甩烂青。把茶叶条子放入烧红的铁镬中，用双手去抖茶条，并把茶条往上抛，不让它久粘镬底。此时宜烧中火，火不可太猛，防止把茶条烧焦。如镬中茶条全部卷实，就可起锅冷却。

⑤ 爆小底。将卷实冷却后的茶叶再次放入热镬中，原来的三镬可并为两镬。这道工序的目的就是让茶叶慢慢受热，但不能粘牢镬底，再次用双手向上抛，但要低抛多抖，将茶叶基本爆成颗粒形状，然后捧出，放入备箕中，用手压一压，盖上一块布，不可冷却。

⑥ 成珠。片刻后，将备箕中还冒着热气的茶叶再一次爆炒，把原来的三镬

并作一镬，用双手移动茶叶，不停地向上抖，抖的高度不超过20厘米，文火燃烧，当手感觉到烫时，就可起锅。

⑦ 分筛。茶叶成形后，先后用粗筛、米筛、板筛筛出茶梗、大叶片、黄片等杂质，称为毛茶。接下来还要用第四道筛将毛茶分为粗、中、小、细四种，最细的叫蟹眼。粗细分筛的目的就是把毛茶内的大小杂质全部清理干净，最后还要上风箱扇一次，决不能留下一点点毛屑。到出售时再将粗细茶叶拌拢，称"打官对"。

李家坑茶叶历来有黑（黑绿色）、亮（有光泽）、重（结实）的特点，在各地有很好的口碑。虽然没什么品牌，但说起高山云雾茶，人人都会跷起大拇指称赞。一颗小小茶叶，来之不易，从采摘到成品，要经过四次落镬、七次筛选，共十多道工艺流程，全部人工操作。

番薯枣子加工技艺

番薯枣子自古以来被称为山珍食品，作为馈赠亲朋好友的礼品，李家坑农户基本上年年制作，但因工序复杂，制作时间较长，所以制作的数量不多，因而更显珍贵。具体的工艺流程有：

① 选料。预先选择形状既圆又长、二至三两重的小番薯，在干燥处贮存一个月，使番薯内的淀粉逐渐转化为糖分，能使产品更有甜味。

② 洗净。将选好的番薯放入木桶，加入清水，浸几个小时后可以清洗，用手一个一个擦干净，不留一点泥污和杂质。

③ 去皮。番薯洗净后，用快刀去皮，不但要把番薯皮削得干干净净，而且要逐个检验，发现有一点变质的痕迹就拣出，避免影响产品质量。

④ 烤熟。洗净去皮后，放入锅内，先用大火煮，到一定时间，再用文火慢烧，锅内的水不宜多，但也不可把番薯烤焦，至能闻到香味和甜味时，停止烧火，焖半个小时，揭开镬盖，等待冷却。

⑤ 晾燥。番薯起锅冷却后，一个一个有序地放在竹筛上，相互间不可以粘着，并要拣出碎番薯块。竹筛最好摆放在通风的地方，使番薯外表面的水分全部晾干。

⑥ 烘干。烘干是难度最大的一道工序，农家一般用铁丝网为工具，把晾干了的番薯摆放在铁丝网上面，盖上一块粗布，然后摆放在火缸上。火缸内已备

好烧红的炭火，温度很高，番薯烘上去后，时不时要去翻一遍，否则就会烘焦。如果烘焦了，吃起来就有苦味，所以在烘番薯的日子里，家中白天一定要有专人看管，晚上也不能睡觉，要常常看一下、翻一遍。24 小时后，火缸的温度可以降低一些。两天两夜后，还要试一下产品的软硬程度，太硬了就是烘得老了，吃起来口感不好；太软了说明还嫩，还需要继续烘一段时间。

烘熟的番薯又香又甜，吃起来韧韧的，有点像红枣的味道，所以后来有人把它称为番薯枣子。

李家坑村番薯枣子制作工艺传承人李兰英，今年 70 岁，自小从父母亲那里学到这项技术，至今制作番薯枣子已近五十年。现在她抓住李家坑发展旅游的机遇，在村口路边开设番薯枣子烘干作坊，现做现卖，平均每天生产番薯枣子五六十斤，旅客们都争着购买，产品供不应求。她已让女儿李翠娟学艺，希望这项制作手艺后继有人，永远传承下去。

毛笋加工技艺

俗话说，"谷雨笋头齐"，谷雨以后，李家坑的毛竹山上到处都是雨后春笋。可是外行人不知道，已经出土的毛笋，它的质量就要降一级了。最好的毛笋为"黄泥拱"，就在它将要露头的时候，地面会出现凸起或裂缝，这时候把笋掏出来，笋尖上的须是黄色的，所以叫"黄泥拱"。其笋肉又白又嫩、质脆无筋，味道最好。毛笋的出产季节较短，十天左右就要下市。此时每天大量的毛笋出土，过去交通不便，到集市来回一百多里山路，而且价格极低，很少有人挑出去卖，那么这么多的毛笋如何处理呢？一般用两种方法加工保存。

第一种是晒笋干。挖回来的毛笋不能隔夜，到家后马上剥掉笋壳。如有拔节、根部发青的笋，用刀斩去根部，然后将毛笋剖成四爿，小的毛笋也可以一分为二。每爿再用刀直割几条深槽，这样容易使其干燥。再将笋放入锅内，放少量食盐和适量清水，用干柴大火烧约二十分钟，至笋七分熟的时候，停止烧火，焖一段时间就可起锅。

起锅冷却后，用准备好的铅丝或麻绳把笋一爿一爿串起来，挂在太阳照得到的地方将其晒干。如遇阴雨天气，要挂在门口廊下通风的地方，防止其发霉变质。直至水分干燥为止。毛笋鲞晒制成形后，就要妥善贮存，切忌受潮，在梅雨季节要常见见阳光。要吃时取出来，用清水浸一两个小时就可下锅。

第二种是做笋麸咸齑。正当毛笋旺季，由于天气变热，家中的雪里蕻咸齑开始变酸，如果不及时处理，就会由酸变臭，直至腐烂。怎么办呢？外面山里毛笋，家中缸里咸齑，不正好互相利用，一起处理吗？于是就产生了笋麸咸齑这个地方特产，它的具体加工流程是：

① 准备咸齑。把缸里的雪里蕻咸齑取出，用双手绞出卤水，再用菜刀把咸齑切成2至3厘米长的小段，放入容器待用。

② 刨笋丝。选择上好的黄泥拱毛笋，去掉笋壳，用铁刨把毛笋刨成笋丝，每条长约3厘米。如果不是上好的黄泥拱，笋的根部有筋，就得用菜刀切丝。

③ 烧煮。把刨好的笋丝放入锅内，加适量清水，盖上锅盖烧煮，开始用大火，待锅中的水煮沸后，就揭开锅盖，让热气散出，继续烧煮，这样镬里的笋丝就不会变色，保持原来的清白。笋丝要煮得熟一点，越熟越好。

④ 拌和。笋丝煮熟后，就把准备好的咸齑放入锅中拌和，直到拌均匀为止。拌时再烧一点火。如果加上一些味精，味道会更好。

⑤ 晒燥保管。起锅后，放在晒箕中摊开，在太阳下晒上一整天，第二天在中午太阳最猛的时候再晒几小时，趁热装入酒埕内，用稻草封牢埕口，谨防受潮。

笋麸咸齑既是山区人民的下饭菜，又是馈赠亲朋好友的礼品。它能烤肉、熬汤，味道十分鲜美。如果配上新鲜鲳鱼，做一碗笋麸咸齑鲳鱼汤，可真是山珍配上海味，要比咸齑大黄鱼还要鲜好几倍呢。

羊尾笋干烤制技艺

每年的农历三月为大笋（也叫龙须笋）季，李家坑每户人家天天用担挑笋，这是烤笋干的黄金时期。大笋是制作羊尾笋干的最佳原料，烤制的笋干形状很像山羊的尾巴，因而被称为"羊尾"。因为羊尾笋干有一定的规格和质量标准，所以从挖笋剥笋到包装运输有一整套传统的技艺，每一道工序必须严格把关，决不能马虎，这种技艺以家庭传承的方式，流传了三百多年。

① 挖笋。要保证羊尾笋干的质量。首先鲜笋质量最关键。笋的标准是出地面20厘米，不宜过长。一来这种笋又嫩又鲜，制出的羊尾颜色清白；二是长短尺寸跟羊尾巴接近。

② 剥笋。把每株笋下半段的壳剥光，上半段留下笋衣，并用竹筷子贯穿笋节，这样烧烤时既能让盐卤灌入笋内，又能在烤熟后使下段成扁形，配上笋脑的尖

形，就同羊的尾巴相似。这道工序也是对原材料的检验，如发现有拔节的大笋须用刀切掉根部，同时拣出有病虫害的坏笋。

③ 烤笋。剥好的笋肉下锅后，在锅底放一根竹箴，每一百斤笋加盐二十斤左右，再放适量清水，开始用大火煮，到笋完全烤熟时（能闻到笋的香味），就用原先放好的竹箴将笋上下翻覆，然后文火慢烧三至四小时，到锅里的水基本烧干（不能把笋烤焦），就可以起锅冷却。这时羊尾笋干开始出现白色的盐霜。按此时的重量计算，每百斤鲜笋只能制成三十斤羊尾笋干。

④ 贮藏。在缸底和缸边安放好稻草，然后将制成的羊尾笋干放入缸内，上面用稻草封口，保证密不透风。平时也不能随意开缸，否则就会使笋干发霉变质。

⑤ 包装出售。梅雨季节一过，就是三伏天，羊尾笋干就可以打包出售了。此时正好各地蔬菜缺乏，这种既清爽又美味的山珍食品，当然很受欢迎。于是每家每户就打开密封羊尾笋干的缸，把贮存的羊尾笋干分为四档。一为正号，为正宗羊尾笋干，长度不超过一手掌（20厘米）。二为副号，质量仅次于正号，再从这两档产品中分出大条、小条两档。一锅羊尾笋干，四档等级，出售时按级论价。然后，拿出早备好的竹箩，竹箩的底和边都垫上箬壳，有条有理地把羊尾笋干整整齐齐放在竹箩中，上面盖好箬壳，不能见光透风，再用竹箴捆扎结实，每箩为50斤。挑到大皎，由竹筏转运到鄞江桥后，到各地出售。

李家坑人制作羊尾笋干历史悠久，一代一代传承下来的手工技艺，至今只有一些老年人记得。虽然现在也有年轻人烤制羊尾笋干，但是没有完全做到以前这样的工艺流程，很有可能也达不到以前的质量了。

花旗芋艿烧烤技艺

花旗芋艿适宜于海拔500米以上的山区种植。李家坑地处四明山中心，气候四季分明，土壤肥沃、水质极佳，在20世纪60年代初期，就有李家坑人开始种植花旗芋艿，后来很快地传播到杖锡、麻燕、低坪等附近十几个村落，经过勤劳的山区人民不断改良，加上特有的气候环境和土壤条件，花旗芋艿的品质不断提高，成为杖锡山区的一大特产，而且人们在烧烤制作上不断探索和创新。后来，有人在烤芋艿的时候放一些霉干菜或笋卤汁，味道大不一样，浓香可口，不腻入味，吃过的人无不称赞。渐渐地村里形成一条不成文的规矩，家里如有外地客人到访，要用烤芋艿招待才算客气。

花旗芋艿的名声传开后，许多外地游客慕名而来，争相购买。为了进一步提高它的质量，经过几十年实践总结，李家坑形成了一整套花旗芋艿的烧烤技艺。

① 选料。要选择本地产的花旗芋艿。其个头要均匀，表面色泽要新鲜而黄亮。最好是储藏在家的燥芋艿，它们淀粉含量高，烤熟后的味道与外地芋艿完全两样。还没有完全成熟的新鲜货或者发了芽的芋艿，都不宜烧烤。

② 清洗。先把芋艿放在清水中浸泡十几分钟，然后去掉泥屑，清洗干净，切不可把皮层弄坏。如发现有变质腐烂痕迹或破碎的芋艿，一律去除。

③ 烧烤。下锅时，如芋艿有大有小，要把大的放下面，小的放上面，水一般浸上芋艿的三分之二即可。放点咸汁、霉干菜，或者加点烤羊尾笋干剩下的笋屑和碎盐，盖实锅盖，用柴火猛烧，水烧沸后继续煮。当能闻到芋艿的香味时，说明已经煮透。揭开锅盖，用锅铲翻一下，改为文火慢烧，慢慢地把锅中的水烧干。但不能把芋艿烤焦，如有焦味，应立即停止烧火。

④ 起锅。干焖约半小时后，揭开锅盖，冷却一段时间，此时芋艿皮上就会出现白花花的盐霜。等到芋艿皮慢慢起皱，颜色有点黄中带褐，花旗芋艿烧烤就已经完成，即可起锅。起锅后的烤芋艿，设法保温，尽可能趁热吃，这时候味道更好。

⑤ 吃法。烤熟了的花旗芋艿，看上去皱巴巴的样子，灰褐色的皮上镶满银白色的盐花，一股香气环绕鼻腔，让人暗中直咽口水，恨不得马上拿一个来尝尝。十几年前，花旗芋艿是连皮一起吃的，因为大家觉得，这么好的皮丢掉可惜，近几年由于提倡低糖低盐，人们有了新的生活习惯，以至许多人去皮后再吃。但还是有人担心，看皮层这么多盐，里面是不是会太咸了？但一口咬下，才恍然大悟，不但不咸，反而气香味美、口味独特。这是怎么回事呢？原来，盐的咸度就在皮层，并不影响芋艿的美味，这就是花旗芋艿烤制技艺的奥妙所在。

水碓舂米

在李家坑村万世桥南边的公路旁边，摆放着两只石捣臼，这不是一般舂年糕用的石臼，而是李家坑先辈以水为动力制成的水碓舂米工具。

一百五十多年前，地处偏僻山区的李家坑人也和其他山区人民一样，要把谷变为米，都用人工舂米。当时村里的男人不是外出营生，就是上山下田，男人不在时，舂米的担子就落在家庭妇女身上，舂米也就成为妇女们的家务事。

有男人在的时候，夫妻对舂，也有兄弟、父子对舂；男人不在的时候，女人也得支撑家庭，叫来隔壁邻舍的阿姆阿婶帮忙，两个女人对舂。舂一箩谷，要花半天时间，舂得气喘吁吁，汗水湿透衣服。舂米是一项非常艰苦的劳动，一年到头要消耗很多精力和劳力。

到了清朝同治年间，李家坑祖先从外地引进了先进技术，在大溪坑的上段安装了水碓设施，开始用水碓舂米代替了人工舂米。水碓舂米虽然是原始的自动化，但是在这偏僻的深山冷坳，在当时的落后条件下，已经是很先进的新生事物了。它的原理是利用大溪坑流水的落差，在水流湍急处安装一个木制的轮子，以水流为动力，带动轮子转动。轮子中心有一根长轴，两边伸展，轴的每一头都有一个凸点，叫打攀，当轮子转动一周，打攀也自动转了一次，由打攀带动下面的大对柱。当打攀和大对柱接触时，大对柱就会自动上升，当大对柱脱离打攀，大对柱就自动往下滑。这样一次又一次地不断运动，大对柱顶的石块与石臼中的稻谷发生撞击，用碰撞的力量就把谷变为米。

从此以后，李家坑改变了人工舂米的局面，水碓舂米成了加工稻谷的工具。当时族里还定下一条规矩：由专门一家经营管理，像现在承包制一样，落实责任，管理人员就成了水碓舂米的主人。后来也有自家仿造，自家管理的。主人除管理维修外，还要为客户倒谷、筛米，做好相应服务工作，并收取适当的酬劳。每天早上，要舂米的人家把谷挑到水碓旁边排队，每只石臼只能倒半箩谷，一箩谷正好放满两只石臼。自动舂一小时后，谷壳和米基本上分开，这时候就要用一根木头控制大对柱，让它停止运动，取出臼内的谷米，用粗筛筛出谷壳（砻糠），筛出的米叫黄糙米。然后将黄糙米再次放入石臼，启动大对柱，再舂一个小时后取出，用糠筛筛出细糠。稻谷变为白米的整个过程需要两个小时，一切完成后，客户就盛出一小升（一市斤）米给主人，作为水碓舂米的酬劳。

李家坑人用水碓舂米的消息传开后，周围几十里的村庄都大为轰动，人们大开眼界，男女老少都非常羡慕。很多人说："有囡要嫁到李家坑去，李家坑的女人不用捣臼舂米。"

（二）民俗风情

1. 传统节日

春节拜岁习俗

拜岁，也叫拜年，是恭贺新禧的主要形式，自古以来各地都有，李家坑也不例外。春节流行拜岁习俗，特别是春节的前五天，更为热闹。

正月初一为一年之中最大的日子，这一天，过去一般都不出门去走亲戚，只限于自己家族拜岁，儿子和媳妇要赶在父母起床前，捧着早茶到两老面前拜岁（这种方式旧时大户人家称"请安"，普通人家叫"拜早岁"），父母就会把红包放进茶盘。接着，穿上新衣服新鞋袜的孙子孙女，也会赶到祖辈跟前，"爷爷拜岁！""奶奶拜岁！"叫个不停，老人家不但要发给他们拜岁钱，而且要把好吃的糕点果品让他们装得兜满袋满。

这一天是最热闹的日子，也是孩子们最高兴的日子。他们挨家挨户登门拜岁，族里的长辈们有的给一个红包，有的给最好吃的，孩子们个个嘴巴像涂了蜜糖似的，"阿姆拜岁！""大伯拜岁！"，见了大人就喊。看见他们天真活泼的模样，长辈们一个个笑得合不拢嘴。

一会儿就有马灯、龙灯来拜岁。发帖子的人打着灯笼，还没到门口，嘴里早就在喊："拜岁喽！"主人拿出几个零钱，一张印有"恭贺新禧"的大红帖子就会塞到你的手里，主人就将帖子贴在大门上，据说能带来吉祥平安。

最有意思的是叫花子了。不过，这一天大家都称他们为"发财人"。他们虽然衣衫破烂，却是满面春风，大模大样地站在门口，说一声："老板、太太，拜岁喽！"另加几句"恭喜发财、新年好运"等吉利话。这一次他们要到的可不是残羹冷饭，起码要得到两根年糕或几个铜钱。因为这天他们不是叫花子要饭，而是拜岁，能给家里带来吉祥，带来财运，谁也不会出手吝啬。

到了正月初二，要给亲戚家的长辈拜岁了。首要的是舅舅、舅妈、外公、外婆。出门时带上一对包头（礼品）。过去包头都是用粗草纸扎起来的虎头包，里面装的有桂圆、枣子，也有的是糕饼糖果，上面贴上一张大红的纸，写有"时令糕点、南北果品"字样。来拜岁的客人一到，主人非常热情地接待，先奉上一杯糖茶，然后是瓜子果品。俗话说，"拜岁拜嘴巴，猪油汤团烫下巴"，不一会儿主人就会摆上点心。这里还有一个规矩，凡来拜岁的客人，不管来得迟早，点心是一定要吃的，就是中午时分赶到，让你先喝老酒，喝到一半，就端上一碗汤团，你非吃不可，这就叫"点心昼饭连"。

每年春节，小辈拜岁来得早，长辈就认为看重自己，心里高兴；如果迟迟不来，长辈就会觉得是怠慢他了；如果过了初五、初六再去拜岁，他就会说你来拜大麦岁了，意思是说："快到割大麦了，你才来拜岁，太迟了吧！"

清明上坟习俗

清明上坟，也叫"扫墓""祭祖"，我国历来有这个风俗，这是不忘祖先的传统美德。各地上坟的形式大同小异，李家坑人的风俗是这样：

在上坟前夕，每家都要先做清明羹饭。按传统的说法，只有男方的先辈可以进门来吃，而女方的先辈则是外客，不可以进内入席。如果要请女方的亲人参与，可在门外放一把雨伞，并在点好香烛后，主人在祈祷时说明，要请某某大人、某某长辈来吃羹饭，这样，男女双方的先辈们就能欢聚一堂。

上坟分两种，一是上新坟。新坟是指棺木进穴三年内的坟墓，在正清明前上坟为好，所以有新坟的家庭早做准备，提早三至五天就行动了。而且要去得早，在坟前摆一桌羹饭、一壶老酒，点上两支蜡烛三炷香，祈祷时每个人可以对先辈亲人说一番话，表达自己的心意，祈求他们保佑。也有个别寡妇在给丈夫上新坟的时候，用哭的形式向爱人倾诉衷肠，寄托哀思。祭祀期间，孝子孝孙还要向亲人敬几次酒，每敬一次酒，必须朝坟墓叩拜或行一个鞠躬礼。到香烛将要烧尽的时候，就把带来的纸钱包焚烧，这包内有锡箔、经忏、纸元宝等钱币，上面写有晚辈送者的名字和先辈收钱人的姓名。祭祀结束后，就要清理坟头，割掉坟上和周边的柴草，用扫帚把四周打扫一遍，接着捧来几块黄土，放在坟的顶头，这叫"落土为安"，最后把白幡插在坟头。

其二是上老坟。进穴超过三年的坟墓，被称为老坟。上老坟要比上新坟简单得多，时间也较宽松，到正清明结束。不过在上坟前，清明羹饭是一定要拜的。第二天在先辈坟前点起香烛、摆上四盆水果糕饼，也不用跪地叩拜，只要祈祷几句,双手拜几下就可以了。祭祀结束时烧上纸钱元宝,然后清理坟头及周边杂草,在坟头堆上黄土,最后插上白幡。其实这白幡是清明上坟最重要的东西,别看它只是一根小竹竿上面挂一串剪成条的白纸,据说在阴曹地府,它是皇帝封过的龙旗,有了它就可到各庵堂寺宇享受素斋。因而清明上坟插白幡的习俗,世世代代都没有改变(后来也有人改为摆放花圈)。其实这是清明上坟的一种标志,年年有白幡,说明此坟有主,坏人就不敢轻举妄动。

立夏节习俗

立夏是民间的一个重要传统节日,它既是二十四节气中夏天的开始,又是一年中重要的消费日之一,这个节日更是孩子们盼望的日子。因为立夏节的各项活动习俗和饮食习俗都是倾向孩子们的。过去没有儿童节的时候,立夏节是孩子们最开心的日子。

煮立夏蛋 立夏节前,外公外婆要给孩子们送蛋。孩子的母亲在立夏前一天煮好茶叶蛋,拿用彩线织成的蛋套把最大的一个蛋装起来,挂在孩子胸前。小伙伴们还要进行拄蛋比赛,比比谁的蛋硬。

做米鸭蛋 把从山里采来的艾叶煮熟后,与米粉拌在一起,经揉捏后,制成鸭蛋形状,里面的馅有甜和咸两种。甜的是芝麻白糖,咸的是笋丝咸齑,外面滚上松花,称为米鸭蛋。这种美食在立夏节家家作为点心,既柔软又可口,还带有艾叶的香味,老少皆宜,百吃不厌。

烤脚骨笋 笋是李家坑人餐餐都吃的家常菜,在立夏节它也是必不可少的一种食品。这一天会有红烧油焖笋、咸齑烤小笋。这一天,吃了脚骨笋,就会脚骨健,俗话说:"立夏吃过脚骨笋,一年到头无病痛。"

称人 立夏节吃过中饭,就会有人在门口吊起一杆大秤,每个人要称一称自己的体重。特别是孩子们,他们高兴得不得了。大的孩子双手攀住秤钩,吊起来称;小的孩子装在笋篮或畚箕里,挂起来称。等掌秤的人报出分量,人们就会说胖道瘦地一阵大笑,有的人称了几次还不肯罢休。

戴疰夏绳 立夏那天,妈妈或阿姨、姑姑用彩线织成漂亮的带子,称疰夏绳。戴在小孩子的手腕上,像珍贵的手链一样,让小孩们高兴。夏天来了,天气转热,常常就会有痱子、痧气等季节性病痛,俗称"疰夏"。据说戴上疰夏绳的孩子就可避免此类毛病。

吃糯米饭　立夏节中餐，家家都吃糯米饭。偶有几家豌豆、蚕豆成熟的，摘一些尝鲜，更增添节日的气氛。

端午节习俗

农历五月初五，俗称端午，也叫端阳、重午。虽然已是夏天，但在四明山腹地的李家坑还不是很热，有"吃过端午粽，还要冻三冻"的俗语。端午的习俗不但体现尊老敬老的传统美德，而且还有一定的现实意义。

裹粽子　李家坑人在端午节前一两天，每家每户都要裹粽子，把竹林里取来的竹箬壳，用水浸泡后，裹上糯米，这糯米必须在水中浸24小时，拌上一点碱水，裹成棱角形状，放入锅中用火猛烧半小时，再用文火慢焖几个小时，取出来食用又香又柔。粽子起锅后，先要点香烛祭祀祖先，给长辈尝鲜，然后晚辈方能食用。冷却后用线割成片，加上白糖，作为端午节的时令点心，老少皆宜。除纯糯米粽外，许多人家还要根据自己的食性制作部分赤豆粽、豇豆粽、咸肉粽等花色粽子。

挑端午担　端午是小辈尊重长辈的节日，挑端午担是农村过端午的一个主要内容，对毛脚女婿更为重要。一般挑来的礼品有：白鹅（要雄鹅，头上涂红色）、胖蹄（也可用条肉）、对鱼（大黄鱼或鲤鱼）、油包（64个或104个）、酒、桂圆，共六色；丈母家的回礼是：杀掉的白鹅半只、鱼一条、酒、油包16至24个，此外还要给准女婿一套上好的衣服。

至于结过婚的老女婿，端午担也必不可少，但无一定规格，可以量力而行。给丈母娘送上些鱼肉或者一些粽子，为老丈人捎上几瓶烧酒即可，丈母家也无须回礼。

喝雄黄酒　在酒中加上少许雄黄，称雄黄酒。端午节那天喝一点，可以消炎解毒。据说喝了雄黄酒的人，蜈蚣、百脚等的毒气不会侵袭。不会喝酒的可以用雄黄酒擦身，夏秋季节就不会生痱子或疮毒。

挂菖蒲艾草　从野地取来菖蒲、艾草，制成剑的模样，高高挂在大门上，据说可以避邪驱魔，确保平安。

做香袋　女人在端午节有做香袋的习惯，做姑娘的从小就学，香袋用彩布角料和彩线缝成，里面放置各种香料，有六角形、鸡心形、粽子形等许多花样。挂在小孩子身上可以避邪，挂在床上可以祛蚊，每家每户都要制作几个。

冬至习俗

冬至是二十四节气中的重要节气,也是一年中白天最短、黑夜最长的一天。俗话说:"冬至大如年。"有人说:"过了冬至,人就长了一岁。"李家坑人历来相当重视这个节日。冬至那天男人都不出门干活,女人只在家里做吃的,也不干其他事情。所有人说话办事都要吉利,不能打骂孩子,也不能摔坏东西,处事待人都要循规蹈矩。此外,过冬至还有以下几个习俗。

燠大头菜 冬至前一天,每户人家都要燠一锅大头菜,有的把大头菜和芋艿头一起燠。傍晚时下锅,用大火煮沸,到晚上用文火焖,并要煨一整夜。这一夜灶不能冷,第二天(冬至节)一早,灶头热烘烘的,大头菜燠得香喷喷的,这叫"烘烘香",是大吉大利的意思。

吃番薯汤团 冬至那天早上,每人用番薯汤团作早餐。做法是:在番薯汤中放上糯米粉制作的汤团,再加上糖,也可以起点浆粉。这种汤团没有馅,也称为汤果,寓意团团圆圆、甜甜蜜蜜。番薯的意思是:下一年穷人翻身,发家致富;富人钱财向上翻,一年更比一年好。

洗脚 吃过晚饭,人们一般都不走出家门,每个人都要用热水洗脚。冬至洗脚能使双脚在寒冬腊月不生冻疮,一年内不会有湿气、脚气。许多人家的小辈都在这一天给长辈洗脚,传承孝道。

祭祖上坟 冬至前半月起,每户都要做冬至羹饭,最迟的也要在冬至后三天做好。同清明、七月半一样,这是每年不可缺少的祭祖形式。摆上九碗至十一碗荤素小菜(鱼和豆腐不能少),点香烛、烧纸钱,全家人跪拜祈祷,尽子孙的一番孝心,最后还是"摆摆冷,自己哽"。冬至和清明一样,也有上坟习俗。上新坟一定要有香烛酒菜祭祀,但老坟只要到一到、看一下;如有坟倒塌损坏的情况,必须在冬至前后三天内修缮。

守夜求梦 许多老年人在冬至的头一天晚上(称"冬至夜")会到庙里菩萨前守夜(也称坐夜)。他们在前半夜诵经念佛,到后半夜就迷迷糊糊地睡着了。如睡眠中得了一个梦,就要请人圆梦,以预知下一年的凶吉祸福。

拜梁皇 附近的庵堂寺院每年冬至前三天要举行拜梁皇仪式,称"冬至梁皇"。李家坑人笃信佛教,都有拜冬至梁皇的习惯,为过世的亲人忏悔罪过、捐赠功德,也为在世的亲人积聚阴德、祈求平安。

2. 民间信仰

请龙求雨

在李家坑东边的大溪坑中，有一个冷龙潭，传说住着一条小白龙，附近村坊的农民每遇到干旱的时候，都到这里请龙求雨，总是有求必应，所以人们对小白龙非常尊敬，称它为救苦救难的龙王菩萨。

在面临旱灾的时候，李家坑太公联络附近各村的领头人，筹集资金、落实人员、择定吉日准备请龙仪式。这天，各村参加请龙的农民一早在指定地点集合，时辰一到，就向冷龙潭出发。走在队伍最前面的是"念伴"先生（即在家道士，以专为民间做道场、法事为业）。他是请龙求雨的主要人物，一路上手拿法器，嘴里念念有词。紧随在他后面的是"吹行"和"武行"两支仪仗队，"吹行"吹着唢呐、喇叭，敲锣打鼓，吹吹打打，非常热闹；"武行"手拿铜铳、钢叉，耀武扬威，拿铜铳的人不时往铳里塞实火药，点着引线，"嘣！嘣！嘣！"的响声震天动地。走在后面的是请龙求雨的群众，他们头上都不戴草帽，肩上搭着一条毛巾，作揩汗之用。到了离冷龙潭不远的地方，族长太公下令队伍停止前进，改为"三步一拜"，所有人每向前行走三小步，就跪下来，朝龙潭方向拜上一拜，表示对龙王菩萨的尊敬和虔诚。

到了龙潭旁边，念伴先生将一道纸符抛到水里，意思是请龙王显圣。这时请龙仪式到了高潮，许多"念佛婆婆"跪在潭边拼命念经，所有来请龙的人都跪在潭边，嘴里不停地轻轻祈祷，预先安排的十几个青年，手执渔网、撩海等器具，站立在龙潭四周，双眼紧紧地盯着水面，一见有浮游动物出现，不管是蛇是鱼，是鳗是蛙，都认为是龙王菩萨的化身，立即眼明手快将其请来，放入"龙甄"，再将"龙甄"端端正正地安放在龙轿里面，两个壮汉马上抬起龙轿，就开始行龙。

行龙的队伍要把所有参与这次请龙的村庄都走一圈，场面也跟请龙时一样壮观，每到一处，村里的男女老少都在路边迎接，还摆上茶水和自做的米馒头，行龙队伍中的人可以随意喝茶，也可以拿上两个馒头充饥。据说小白龙显灵挺快，"龙"行到哪里，雨就会下到哪里。

旱情解除后，还要用十分隆重的仪式，恭恭敬敬地把龙王送回潭，接着就要谢龙。在龙潭边放好八仙桌，摆上猪头、羊、鹅等三牲，点高香、燃大烛，族长太公率众人行三跪九拜大礼，感谢龙王菩萨的恩典。

谢 年

"谢年"，也称"送年"，或称"请菩萨"，是每年农历年底的一次答谢菩萨保佑的祭祀。十二月二十三小年一过，家家户户开始掸尘（大扫除），屋里什物收拾干净后，就要准备谢年了。

李家坑人谢年，一般都在早上，最迟也在吃中饭前。主人把八仙桌横放在家门口的走廊上，不设凳椅，也不放筷子，把熟了的利市（猪头）用祭盘盛起来（没有利市的可用有三根肋条的条肉代替），将一把尖刀插在肉上面。还要把一只熟了的雄鸡也放进祭盘，鸡的内脏和血也要放在一起。利市和雄鸡在祭桌正中放妥后，另外把一条活的鲤鱼养在小水桶里，就放在桌凳脚边。这一风俗与外地有所不同。外地都把鲤鱼的眼睛用红纸贴上，年谢好后就到河里放生。这一带因为过去交通不便，买条活鱼不容易，所以谢年后还要再养几天，到拜年夜羹饭时烧熟后祭祀祖宗。

祭桌上另外还有年糕（一年更比一年高）、浆粉（会涨起来）、盐（前途无量）、豆腐（清清白白）等四盆素食和桂圆（团团圆圆）、花生（多子多孙）、苹果（平平安安）、橘子（红红火火）等几种果品。上横头放三只杯子，左右两边各放三只，上横头三只盛点茶叶，但不用斟茶，两旁的六只作斟酒用，称"三茶六酒"。一切准备停当，就开始谢年。

开始时先放三个炮仗，称"谢年三炮，来年更好"，然后点燃两支蜡烛。谢年蜡烛要比做羹饭用的"三拜终"（即拜了三次就烧完）小蜡烛大得多，起码是半斤烛，有的甚至用一斤烛、二斤烛。大红的蜡烛上面写有金色的字样，有"大吉大利、四季平安"等吉利话。主人把蜡烛插在烛台上后，再点燃三炷大香，将香捧在手中，对着天空鞠三个躬，意思是向天上的菩萨发出邀请，请他们到凡间接受小民的答谢。一番祈祷后，主人斟好老酒，待在一旁看管，一是要看好不让小孩子靠近，二是不能有任何狗猫等动物闯进祭桌下面，否则会影响菩萨的雅兴。其间，主人还要敬几次酒，每敬一次，都要做一次祈祷，说的还是保佑平安幸福、年年发财等这些老套话。然后，家中的大人孩子都要在祭桌前叩拜，行三跪九拜的大礼。最后恭送菩萨回天庭，吹熄蜡烛，再放六个炮仗，称"六六大顺",没有放炮仗的叫"闷声大发财"。整个谢年时间大约需要一个小时。

谢年结束后,那天傍晚就要请人吃饭。叔伯兄弟、左邻右舍,有好几桌客人,大家今天我请你,明天你请我,历年来已形成习俗。席间说不完对旧岁的感受,谈不尽对新年的希望,热闹非凡。有的人心里一高兴,就猜拳喝酒,直闹到半夜方休。这一餐多数主人不备米饭,吃一碗汁水咸齑年糕汤,一方面有"年糕年糕年年高"的寓意,另一方面年糕以刚烧好的鸡、肉原汁为汤,鲜味可不一般。

插地香

李家坑人历来有七月三十插地香的习俗,每当这一天,大人们还要向孩子讲这样一个传说:在很久以前,有个叫莫连生的人,慈悲善良,为穷人做了不少好事,为了普度众生,不惜牺牲自己。人们为了纪念他,在寺庙里造了他的一尊塑像,每天香烛供奉。如来佛祖知道后,想封他为佛,却被莫连生拒绝。后来佛祖根据他的请求,封他为地藏王菩萨,掌管阴司十八层地狱。其实佛和菩萨级别不同,佛说明已成正果,级别比菩萨高。那么,莫连生为什么不愿为佛呢?原来,他的母亲想吃龙肉,被打入十八层地狱受苦,而莫连生是个孝子,就在释迦佛祖面前立下"地狱不空,誓不成佛"的誓言,他要让所有在十八层地狱受苦受难的灵魂解脱,让他们深受感化,弃恶从善,重返人间。

莫连生被封为地藏王后,从此紧紧地闭上了眼睛,他不想看到世间的俗事。后来为了纪念他,就在每年七月三十,他生日的那天晚上,家家户户在房屋四周、角落插上地香,并摆香烛祭祀,祈求地藏王菩萨开眼。

每年七月三十晚饭以后,各家的主妇就会点燃几把香,一根一根地插在房屋的四周,每个角落都要插遍,每户人家至少要插一百根,如繁星点点,香烟环绕,直上九天云霄。如果地藏王菩萨在天有灵,一睁眼就会看到人间对他的虔诚。

人们在屋外插完地香后,还要在自家的天井里把香插成一个圆圈,要在这个圈子里祭祀地藏王菩萨。先点上两支小蜡烛和三炷香,摆上四盆素菜或糕点,中间另放一杯净茶,然后女主人轻声祈祷,说一些请地藏王菩萨开眼,看一看现在的芸芸众生,都以慈悲为怀,凡间已是一片净土,以及保佑本宅平安等吉利话,然后,叫孩子们跪在地上拜上三拜,待香烛燃完,祭祀结束。第二天一早,孩子们争着来拔地上燃尽的香棒，他们把香棒聚在一起，比比谁的多，还可以用香棒玩游戏。

据说，祭祀用过的这杯净茶被地藏王菩萨施过仙药，为神水，用神水擦眼睛，可以眼清目明，一年内不会有眼睛发红等眼疾。小孩子吃了祭祀过的素菜糕点，就会变得聪明，更有上进心。也有的说七月三十插过地香，有地藏王菩萨保佑，游魂野鬼不能进入宅内，能保家中平安。

七月三十插地香也有许多禁忌，如插了地香的墙边、角落，小孩子不能随便小便；插好的地香上面，任何人不能跨过去；在插地香和祭祀的时候，不能有任何狗猫等动物骚扰，否则地藏王菩萨就不会开眼，祭祀将前功尽弃。

祭　灶

过去，李家坑每户家庭在砌土灶时，泥水师傅会在灶上的烟囱一面制作一个神龛，神龛上面两个翘角好像皇宫的门面，两旁一幅小小对联，写着"上天言好事，下界保平安"。主人会在龛内贴上灶君菩萨（也称灶王爷）的画像。每逢初一、月半或传统节日的早上，这家主人就会在灶神龛前点香烛祭祀。尤其在农历十二月二十三日，会特别隆重，因为传说这一天灶王爷要上天去了。

在当地有一个关于灶王爷的传说：灶王爷出身贫苦，为人忠厚善良，因贫病所迫，被困死在灶沿炕边。玉皇大帝知道后，动了怜悯之心，就封他为"九天东厨司命灶王府君"，负责管理每家的烟火，同时监察这一家的善恶行为，到十二月二十三上天，向玉帝报告。玉帝根据他的报告，决定这一家新一年的命运，因而这个报告至关重要。为了让灶王爷上天只说好话，不说坏话，人间就形成了祭灶习俗。按现在的说法，就是要"贿赂"灶王爷。

每年十二月二十三那天，家家户户都把灶台整理干净，吃完晚饭收拾完毕，就开始祭灶。先点上蜡烛，放上一杯净茶，接着点燃三炷香，男主人双手捧香，朝灶王爷叩拜，女主人就把准备好的祭灶果用四个盘子装起来，放在灶神龛前。过去的祭灶果非常讲究，有红球、白球、麻雀蛋、油果、黑脚梗、白脚梗、黑芝麻片、白芝麻片、冻米糖和豆酥糖等十个品种，有红黄棕白黑五种颜色，全部是甜的，目的就是要让灶王爷尝尝甜头。俗话说，"拿了别人手软，吃了别人嘴软"，嘴巴吃得甜了，好话就讲得多了。祭灶果中，有一半是用麦芽糖做成的，有一定的黏性。据说，如果灶王爷想讲坏话，麦芽糖就可以把他的嘴粘住，使他开口不得。

祈祷、祭拜以后,最后要送灶王爷上天了,主人将神龛内的灶王爷画像小心翼翼地撕下,在烛火上点燃,嘴里大声地说道:"恭送灶君菩萨上天。"接着又把一张新的画像贴上灶神龛。据说灶王爷这次上天庭奏本,到大年三十深夜才能回来,所以,到第二年正月初一早上,每家每户还要进行迎灶王爷祭祀。

宁波乡间还流传着一句老话:"乖乖过,廿三夜给你吃祭灶果。"祭灶果确实是孩子们最爱吃的食品,就在大人们祭灶的时候,他们翘首以待,心里想的根本不是灶王爷上天奏什么好事坏事,而是盘算着自己能分到多少果品。因为小孩子喜爱,所以后来又逐渐形成了一种新的习俗——每年在十二月二十三之前,孩子的爷爷奶奶、外公外婆会各送来一袋祭灶果,作为给晚辈的过年礼物。祭灶和送祭灶果的习俗至今仍在延续。

3. 人生礼俗

做产(出生)习俗

催生 自女人公开自己有孕起,孕妇的母亲(准外婆)就要开始准备催生物件,给未出生的婴儿用黄布做好棉衣、单衣各一套,另有包裙、肚兜、尿布等。按传统习惯,婴儿一落地就要穿外婆家准备的衣服;到临产前一个月,准外婆就得准备催生担亲自上门催生,日子一般在初一或月半。催生担的内容很多,除婴儿的衣物扎成一个包袱外,还有64个金团以及长面、红糖、桂圆、胡桃、鸡蛋、黄鱼鲞六样食品,担子必须由一个男孩挑着,象征孕妇也会生下男孩。催生担挑到孕妇家后,不能把包袱直接拿到孕妇房中,而要由男孩从房门口或窗口丢到孕妇床上。丢进后先要看看包袱在床上的方向,以预测生男生女,如果包袱口朝上或朝里,则生男孩;如果包袱口朝下或朝外,则生女孩,所以至今有人把女儿称为"朝外货"。接着解开包袱的动作要快,解开得越快,意味着孕妇生孩子也越快。

做产 孕妇生孩子,俗称"做产",山区的妇女由于各方面原因,条件要比平原地区差些,就连专业的接生婆也没有。临产时叫来上了年纪、有经验的阿婆、阿姆帮忙,根本没有什么消毒过的器具,所以婴儿生命没有保障,七日疯、百日瘟甚多。产妇生产后,有一个月的休养期,叫"坐月子",在这期间产妇除一日三餐吃鸡汤猪蹄等有营养的食物外，上午、下午和半夜用红糖煮长面当点心。经济条件好的人家有专职保姆服侍（称当值），有的产妇请自己母亲或婆婆照料。产妇本人这一月内，切忌忧郁流泪、接触冷水、吹风受冷，不能身体劳累和吃生硬及不易消化的食品。如在产期落下病根，很难治愈。

产妇娘家送来的礼品称"生姆羹"，有河鲫鱼、蹄髈、鸡、蛋、长面、黄糖，共六色。一般亲戚朋友送三斤长面、三斤红糖就可以了，称"一副糖面"。

解魇 婴儿生下第三天，称"解魇"，也叫"还落地福"，具体做法是：

① 早上先拜落地菩萨，八仙桌上摆上鱼、肉、鸡三牲及六盘果品糕点，点燃香烛祭祀，祭前放三个炮仗，祭毕烧一些经忏。

② 在厅堂间先点香烛、施净茶，然后用六种糕点祭拜祖宗。

③ 祭床公床婆：于米筛内放12盏"相量盏"（即酒杯盛饭，上面放黄糖）和两碗"盖糖饭"（即碗中盛饭并放糖），在床上祭拜。

④ 给婴儿擦身、换衣服。

⑤ 把"相量盏"分给周围孩子吃，寓意以后可以和睦相处。

⑥ 把"盖糖饭"送给久婚未孕妇女吃，寓意吃后能生育。吃完"盖糖饭"的妇女要回送一碗油，表示有孕。

满月 婴儿生下一个月，称"满月"，这是其人生第一个喜庆日。如果是男丁，家里更要大操大办。习俗是：

① 敬神祭祖：早上请菩萨谢天神，中午做羹饭敬祖宗，婴儿由母亲抱着参拜。

② 满月担：娘家在这一天要挑满月担，除鹅（鸡）、猪肉、鱼等食品外，还有婴儿的摇篮、虎头鞋、丝袜、帽子、披风等。有钱的人家还带上刻有"长命百岁"的金锁片。

③ 满月头：要请福气好的剃头师傅给婴儿剃头，剃头时先要讲几句如"头皮圆圆，必中状元"之类的吉祥话，并要在孩子头上留下一处桃子形的头发，叫"孝顺发"，也称"带根发"。剃罢，主人家即拿出红包开赏。

④ 满月酒：中午宴请亲朋好友，婴儿的父亲要向宾客敬酒，各宾客也要回敬祝贺。席间抱出婴儿与众人见面，长辈都会拿出用彩丝（称长命线）扎着的红包（见面礼）挂在婴儿项上，还要说一声："介难看！"

⑤ 酒宴后：在婴儿鼻头涂些锅底灰，撑着雨伞抱至邻舍串门或者抱到外婆家去，称"乌鼻管望外婆"。

上学习俗

自古以来，人生三件大事是：上学读书日、洞房花烛夜、寿终正寝时。而上学读书是三件大事之首。每个少年儿童，到了学龄年纪，就要上学读书，这是人生的起步，是每个人一生命运的希望，因而显得特别重要。长辈们怀着望子成龙的期待，都想为晚辈的头等大事费一点心，花一些钱，因而形成各种上学习俗。李家坑曾有"四明文化之源"之称，家长们把子女上学看得更不一般，以至上学习俗也更有特点。

上学担 上学担分为两种，一是学生在上学前，其外婆家挑来的上学担。上学担内容非常丰富，有为外孙准备的书生帽、学生装以及鞋袜等，学生在上学那天，必须穿外婆家的行头。谁穿得更有风头，外婆家就更有面子。另外还有六色食品，其中一只大白雄鹅，把头顶的毛染成红色，露在六格重篮的外面，一路上"戆戆"的叫声不断，十分威风；两条鲤鱼，有鲤鱼跳龙门的寓意；三只黄鱼鲞，象征飞黄腾达、拜相封侯；另有莲子、粽子、状元糕，有"连中三元"的意思。

另一种是上学这天，家长挑着去学校的上学担。上学担中少不了莲子、粽子、状元糕这类有一定寓意的食品，还有送给先生的糕点和让同学们分享的糖茶。其中最有特色的是上学粽，这种粽子个头很小，三个连在一起，用一根红线穿扎起来，不但有"连中三元"的寓意，而且也有同学之间团结友爱、心连心的象征意义。

拜孔子 家长把上学担挑到学堂，就要举行拜孔夫子仪式。课堂正中挂起孔圣人画像，先生端端正正地坐在孔子像下面，接受新生大礼参拜。新生在家长的陪同下，双脚跪地，恭恭敬敬地向孔夫子像及先生磕三个响头。礼毕，学生双手捧着一杯糖茶，送到先生手里，先生说一句"聪明智慧"，就拿起桌上的一支毛笔，把人、手、脚、刀、尺几个初识文字写在纸上，然后把笔和纸递到学生手里。以后学生就用这支毛笔写字，这种形式也叫"开笔头"。

请先生 开学以后，最忙碌的就是先生了。有钱的新生要办上学酒，先生当然是最重要的贵客；没钱的新生也得请一餐"先生饭"，先生更是不可缺席的座上宾。先生每到一处赴宴，上横头左手位子非他莫属，两旁有族中头面人物相陪，学生的家长或委托的一个长辈在下首位斟老酒。酒过三巡，新生先来给先生敬酒，接着各类人物纷纷上场，敬酒的敬酒，夹菜的夹菜，把先生弄得不知所措。但是客气归客气，学生的家长会在暗中保护着先生，决不会让先生醉酒而归。

好日（结婚）习俗

结婚，俗称"好日"，是人生一件大事。李家坑处于原鄞县、奉化、余姚交界处，各种风俗习惯受各方影响，尊神重礼，婚俗程序有一整套规矩。

安床 在婚期前三天，择定吉日吉时，选定一位夫妻健在、福气好的长辈，如阿姨、舅母、大妈、阿婶来安置婚床。先在床上铺一层稻草，再铺上五只新麻袋，寓意是"五代见面"，然后平摊床垫，将原先翻好的四床棉被端端正正地摆放在上面。安床完成后，安床者要吃长面煮鸡蛋，示意长命百岁、团团圆圆。当天夜里，新郎要找一个父母双全的男孩同睡，俗称"伴夜"，并要给伴夜男孩吃包子、花生等食品，有"保生儿子"之意，结婚当天早晨，男孩拿了红包，高高兴兴地离开，当地人称他为"挈出水（尿）瓶"。

飨先 在结婚前一天，帮厨已经杀好了猪羊，这一天的晚餐称"杀猪便饭"。但整只猪羊不能斩开，要等到第二天凌晨要祭天地、拜祖宗，称"飨先"，意思是让神明和先辈先享受美食。飨先仪式在堂前举行，正中摆上三张八仙桌，桌上24盆供品，两旁各放一个木架子（称猪羊架），左边木架挂着全猪，右边木架挂着全羊。三声炮仗声后，主祭人携新郎行跪拜礼，并祈祷保佑。祭毕，女帮厨拿出"飨先汤团"，挨家挨户地分给大家吃，这天的早餐称"飨先酒"。

拜堂 迎来的花轿在堂前门口停下，随着鼓乐声声、鞭炮齐鸣，一对童男童女牵新娘出轿门。新娘由"送娘子"（婚礼专职伴娘）扶着，脚踏在铺设的五只麻袋上，寓意"传宗接代"。进入拜堂仪式，堂前正中点燃一双大红花烛，新郎新娘按男左女右方位站立，奏乐、鸣炮、读祝文后，行三拜大礼，司仪唱令：一拜天地，欢天喜地；二拜高堂，五世其昌；夫妻对拜，百年好合。拜堂礼毕，新郎新娘送入洞房。

入洞房 两个伴郎手捧花烛在前，新郎新娘紧跟其后，进入新房后，双双在床前坐定，新郎拿起秤杆，挑起新娘的盖头方巾，寓意"称心如意"。这时候，送娘子马上递过毛巾，给新娘洗脸，接着一对新人共吃桂圆汤团或猪油汤团，以示甜甜蜜蜜。吃完点心，新郎出房，送娘子服侍新娘换装。

敬酒 宴席马上开始,这一席称"贺郎酒",是筵席中的正酒,菜肴也最丰盛。主持办酒的总管先生,忙着依辈分排座位。娘舅最大,和舅母并坐于堂前间东边第一桌左手位。如果娘舅尚未坐下,任何人都不能落座,娘舅一坐下,总管先生就依次论辈安排宾客一一就位。酒过三巡,新娘子就出来敬酒,敬酒除由送娘子陪同外,还由一个熟悉客人辈分的女眷一一介绍。先从娘舅开始,依辈分不能乱套,每个长辈都要敬到,不能遗漏。

贺郎 酒席结束,宾客们要闹洞房。虽有"三天呒大小,越闹越发"的说法,但闹到将近子时,大家都会知趣地散去,接着就开始"贺郎"。贺郎桌上龙凤花烛闪闪发亮,中间有红枣、花生、桂圆、莲子四盆果品,寓意早生贵子。贺郎先生舌如莲花、出口成章,借物发挥尽说好话,如:

> 双手推开紫金窗,龙凤花烛分两旁,
> 四盆果品摆中堂,鸳鸯枕头放床上。
> 第一杯酒贺新郎,新郎吃落多威光,
> 今夜龙凤配成双,明年生个状元郎。
> 第二杯酒敬新娘,新娘吃落喜洋洋,
> 花生本是长生果,儿孙满堂福寿长。
> 第三杯酒三星照(下略)

贺郎贺完十杯酒,客人尽散,留下两位伴郎,陪同新郎新娘吃完包子后离开。随后新郎关门落闩,次日早晨由新娘开门出房。

落殓(殡葬)习俗

送终 病人在弥留中,他的亲人都要围在床边,送其上路,这叫"送终"。在病人将要断气的时候,由子女扶其坐起,喂下三口桂圆汤,其余亲人都跪在床前。送终的人越多,表示死者的收成(福气)越好。病人咽气后,马上烧一些锡箔经忏,亲人才哭出声,并移尸到堂前,设灵堂,处理后事。

报丧 也称"报死讯"。报讯人倒夹着一顶雨伞,通知死者的亲戚,至亲戚家门口将伞柄朝下放于门前,一般不进屋内。临走时,该亲戚要将碗或瓦片丢出门外摔碎,认为这样可以赶走晦气,有的女人还要象征性地哭喊几声。

吊孝 亲戚闻讯后,要立即购买锡箔、大被等祭品前去吊孝,以示哀悼。吊孝人走进灵堂,放置好祭品,晚辈于灵前跪拜。每来一个吊孝的人,在灵堂的女儿或儿媳妇必须在灵前哭诉一番。夜间，孝子孝孙等亲人都在灵堂守夜。

落殓 也称入木，一般在第三天下午潮水上涨的时辰。所有人都头戴白帽。儿子、孙子白帽上再加用络麻编制的"三梁冠"（女婿"二梁冠"），腰束草绳；儿媳妇和女儿头戴耗斗，腰束白带，脚穿麻鞋；小孩子则只戴白帽，白帽上缝一小块红布以示吉利。仪式开始时放炮、鸣锣，晚辈跪拜，接着有落殓人用米升子或果桶报黄金、白银、乌金一升、二升、三升、一斗、二斗、三斗。报衣单时每报一件，跪在遗体前的亲人都要齐声应"有"，然后将尸体入殓安放，并按亲人顺序盖好所赠大被。最后所有亲人绕灵柩一转，瞻仰遗容后，合上棺材盖。

偷丧出 灵柩在屋内放置一夜，第二天在天亮前就要偷偷地移至外面的岔路口，用两根长凳搁起。棺材上放置一条红毡条，上面一碗"材头饭"，饭上盖一块煎豆腐、直插一双筷子，棺材前八仙桌上点燃香烛，摆四盘素食或糕点，上横头放一把大座，上面再放一只果桶，果桶上摆放着死者的神位，到天亮时就会有亲人前来祭拜和啼哭。

送葬 在路口又经过一番路祭仪式后，鸣锣开道、鞭炮震天，拿着引魂幡的人在前面引路，走在棺材前的人丢锡箔买路，拖火把、撑雨伞、捧神位的人依次排列，披麻戴孝的亲人紧跟其后，其余亲朋好友随后相送。抬棺材的人抬一段路就要歇一歇，孝子孝孙手捧耗杖棒一路跪拜。若过溪过桥，儿子就钻在棺材底下，装作背棺材模样，嘴里说道："阿爸（阿妈），儿子背您过溪（桥）了。"

棺材抬到坟地，先烧芝麻秆将坟穴"暖堂"，进穴后的棺材要摆放在中心位置，不能偏，然后上盖板封穴。最后所有送葬人员手牵着手，在坟墓周围顺转三周再倒转三周。送葬结束后，参与葬礼的人还要用稻草的烟火熏一熏，去掉晦气，才能回家。

办斋饭 出丧这天中午的酒席称"斋饭"，如果是年岁高有福气的人过世，则叫"馒头树翻倒"。斋饭要办得丰盛一点，但"爆花生"和"倭豆芽"两样菜必不可少。席间死者的儿女要向抬棺材、做坟的师傅和各位宾客敬酒发烟，感谢他们帮忙和参加葬礼。斋饭结束时，所有人要切记两个禁忌：一是吃完的碗盏、盘子不可以重叠，意思是这类酒筵不再重办；二是离开时切不可向主人家告别，更不能说"再见"，只能悄悄地离去。

喝茶习俗

李家坑人三百多年前就开始种植茶树,当时只是自采自制,自己饮用,所制茶叶被称为高山雾露茶。水是茶之母,大溪坑的流水称上游之水,清澈似泉、纯净甘冽,泡出来的茶更是香气扑鼻,清韵满口。李家坑人喝的是绿茶,而且总结出泡绿茶的一套经验。一是水温不宜过高,应在80摄氏度左右;二是不要加盖,这样别有一番风味。过去由于山区交通不便,人们闲时无聊,又或许是因为喝茶有益健康,李家坑的男人绝大多数都爱喝茶,以茶消遣、以茶会友成了他们的习惯,喝茶已是李家坑人生活中不可缺少的内容。

喝茶是李家坑人最平常的事情,也最具有魅力。如果没有茶,会让李家坑人感到人生乏味,生活失去平衡。有人说,"人可以一天不吃饭,譬如生病的时候;但不可以一天不喝茶"。李家坑人喝茶有很多习俗。

唱夜茶 每到天冷的时候,李家坑左邻右舍好多人相聚在火堆周围,烤火取暖。先在火堆里放进一个柴嘴(柴根),用火管吹几下,火焰立刻升了起来,火上面吊起一只茶壶,每人手中捧着茶碗,放上一把茶叶,水开了,满满地倒上一碗。喝着浓浓的茶水,心中顿有逍遥自在的感觉。东拉西扯、谈天说地,水开了一壶又一壶,碗中的茶叶换了一次又一次,一帮人越喝越有味,越谈越有劲,到夜深了都不愿散去,享受着山区农民特有的生活乐趣。

喝早茶 每天一早,主妇起床后的第一件事,就是生火烧茶,男人起床后的第一件事就是泡茶,泡好茶后再去漱口洗脸,洗漱完毕,就一屁股在火堆边的木凳上坐下,捧起茶碗喝起来。俗话说,"头汁苦,二汁补",要把茶叶泡了二汁喝完,才算过了茶瘾,这样吃饭才有胃口,干活才有力气。

待客茶 "主人待客,以茶为先"是李家坑人热情好客的表现。不管是外地来了客人,还是左邻右舍串门聊天,主人都会先捧上一碗热气腾腾的茶水。即便是过路的陌生人,无论在谁家的门前坐下休息,那家的主人都会热情招呼,马上捧出热茶请你喝。如果不这样做,背后就会有人说:"这份人家介勿(太不)客气,连一碗茶也没给人家吃。"

敬老茶 每年正月初一,或者公婆生日,在公婆还没起床时,做儿媳妇的就要端着两杯刚沏好的好茶,送到公婆床前,恭恭敬敬地叫一声:"阿爸、阿妈,吃茶嘞。"然后双手捧着,把茶送到老人手里。

见面茶 也称见礼茶，结婚娶亲，新人拜堂后被送入洞房，然后，新娘出来要见长辈，首先敬公婆，然后是舅舅、舅母，之后依辈分顺序类推，长辈们坐在厅堂的正中，送娘子（后称伴娘）手捧茶盘，新娘双手捧茶送到他们面前，长辈们接过茶杯，象征性地喝一口，然后拿出红包，放入茶盘。

六月霜茶 李家坑人历来有饮用"六月霜茶"的习惯。每到六月，每家每户都用六月霜泡茶，有的还把茶水放在凉亭或路口，供过路行人饮用。

待客习俗

过去，李家坑村因为地处山区，人们生活单调，吃的食品都是自家种的，海鲜之类的食品一年到头很少见到。但是这里的人们，无论男女老少，不分贫富贵贱，历来待人待客非常热情，这成了李家坑人的习惯。外地来的陌生人路过，在家门口歇脚，这家的主人就会先搬出凳子请坐，然后捧出好茶请你喝。如果天色晚了，还会请你吃饭留宿，虽然拿不出山珍海味，可他们会拿出家里最好的食品让你享受——炒两个鸡蛋，煮一碗青菜萝卜，炖一碗笋干汤，拿出自酿的酒，炖得热气腾腾，让来者感动不已。一宿两餐，如果需要的话，还会给你带上一些点心。有的过路人实在过意不去，就摸出铜钱来感谢，李家坑人会一概谢绝。

每年春节，李家坑家家喜气洋洋，户户宾客盈门，新女婿上门，"丈母一声呕（喊），蛋壳一畚斗"是日常；就是一般的客人上门，他们也有一套待客的习俗。因为李家坑地处鄞州、余姚、奉化三地交界，生活习惯受到各方面的影响，所以在春节待客上集合了各地特色，形成了特殊的风格。宾客就餐席上需摆上"三熬""三酒""十肉""十点心"。三熬是：熬一碗红烧肉，熬一只小蹄髈，熬一只猪脚爪；三酒是：烧酒、糯米酒、黄酒；十肉是鸡肉、鹅肉、家畜内脏及野味等；十点心是汤团、年糕、米馒头、水拖糕、浆板甜羹等用麦类和米制成的点心。

平时，如有客人突然临门，而家中实在没有什么可以待客的，男主人就会拿起一只面盆，到大溪坑去摸青蛳。不一会儿就摸来一些，用剪刀剪掉其尾部，做一碗炒清蛳，放上几段小葱，下酒过饭，也称得上是美味佳肴。或者用沸水氽熟，再用针挑出青蛳的肉，烧成一碗汤，更是新鲜可口，让人食之久久难忘。

李家坑人豪爽大方、待客热情，在方圆百里享有美誉。大家都说，"李家坑人真是见过世面",还称赞他们"量大福大,树大屋大"。但是,对来意不善之人,李家坑人则是"清茶不待无情客"。

(三)民间文学

1. 传说故事

笋头太公

传说清朝顺治初期,在鄞县(今鄞州区)和余姚县(今余姚市)交界的杖锡山下,有一个偏僻小村,叫徐家畅,这里的村民都姓徐。他们自耕自织,自给自足,生活不算富裕,但倒也过得下去。有一天,从余姚大岚方向来了一位挑着担子的后生,看样子好像是打铁的手艺人。那后生在徐家的门口放下担子,坐在阶沿石上休息。徐家人非常好客,从屋里捧出热茶,还把烤得香喷喷的芋艿递到后生手里。那后生喝着热茶,吃着烤芋艿,就和徐家的老爷子聊起天来,他自我介绍说姓李,名龚荐,字龄一,永康人氏。当他知道徐家历代已经在这里生活了二百多年,至今仍只有七户人家时,不觉哈哈大笑:"在这样好山好水的风水宝地安家落户,这么多年了,还只有七户人家,这不会是开玩笑吧?"

老爷子苦笑了一下,回答说:"我说的都是实话,后生如果不相信,不妨在这里安个家,或许风水会有逆转。"

其实李铁匠早在周围看了好久,觉得这里确实是一个安家落户的好地方,听老爷子这么一说,正好顺水推舟,就这样就在徐家畅居住下来。

李铁匠到各地打铁谋生。有一年,他来到余姚石潭,暂住在一家姓龚的人家,为当地人打造锄头、铁耙、柴刀等工具,这户人家的主人见这个后生身强力壮、忠厚老实,而且手艺不错,就将女儿许配给李铁匠为妻。

李铁匠结婚后没过几年,就生下了两个儿子,三十年后就有了许多子孙,真是儿孙满堂、人丁兴旺。李姓大有兴旺发达的势头,而徐姓仍旧只有七户,自叹不如。徐李两姓商议后决定更换村名,因门前有一条溪坑,就定名为李家坑。

到了1691年腊月,李家坑始祖龚荐因一生辛苦,积劳成疾,病倒在床不能起来。当时医药条件很差，随便服些草药也不见效，至大年三十，李龚荐撒手西归，享年六十六岁。老父亲一走，可急坏了两个儿子，按当地的规矩，人死后是不能推迟到第二年正月初一的。在这天寒地冻的日子，大雪纷飞，到处白茫茫一片，想找个坟地也无从下手，大儿子只能望着门前山头发呆，突然，他眼睛一亮，发现前面大栗树旁边有一丈左右的地面，不但没有积雪，而且还冒着热气，他马上叫来弟弟，兄弟两人走上去一看，果然是一个安葬父亲的好地方，这真是万万想不到的事情，难道是老天爷的有意安排，于是忙从家里拿来香烛，跪地祭拜，感谢老天菩萨和土地的恩惠，然后立即动手，挖好了坟穴。

可是在这冰天雪地的大年三十，偏僻的深山冷坳，没有木匠师傅，父亲的棺材怎么办呢？兄弟俩在家中找来找去，确实没有一样东西可让父亲落殓，只有灶和两只盛芋芳、番薯用的竹箩。在没有办法的情况下，这兄弟俩用竹箩装上父亲的尸体，用麻绳捆扎结实，抬到大栗树旁的坟穴，草草安葬，才算落土为安。真是"福人困福地"。后来听风水先生说：这里确实是一处风水宝地，是天台华顶山的龙脉所在。始祖太公下葬后，李氏宗族迅速发展，最兴旺时期曾有人一千多个，住户三百多家。而原来的徐姓，仍保持七家，被称为"徐七户"。

后来，李家坑子孙称龚荐公为"箩头太公"，称这座埋葬太公的山为"太公坟山"，也叫"坟头山"。

（口述：李志平 整理：吴瑞芳）

孝通神明

清朝光绪年间，李家坑的第八代世祖李怀桔，娶妻吴氏。吴氏是一位贤惠孝顺的媳妇，虽然不是名门闺秀，却知书达理。有一年秋天，她的婆婆感到头颈后面有点疼痛，她的公公过来一看，原来长了一个小毒疮，就拿来银针挑了几下，流出几滴脓血。这一挑原本想清毒消肿，谁知闯下大祸，第二天，头颈后面红肿得如馒头大小，剧痛刺心，婆婆痛得叫个不停，吓得媳妇连忙请来村里一位老人，那老人看了后，大吃一惊地说："你婆婆生的不是一般毒疮，是真正落穴的对口疗，俗话说：疗疮破头，力大如牛，初发的疗疮被你公公这么一挑，毒性爆发，很难收场，你得赶快去请专治疗疮的医生，否则就要来不及了。"

媳妇一听，也顾不得什么，马上动身，来回赶了八十里山路，从余姚梁弄请来一位疗疮医生。那医生看了婆婆的病情，摇了摇头，也不说话，把媳妇叫到灶间，神秘地说："你婆婆病已落症，不用治了。"

医生这话如晴天霹雳，媳妇一下子不知所措，好像天要塌下来一样，禁不住眼泪簌簌地落了下来。一会儿，她回过神来问医生："婆婆的病症真的无药可救了吗？"

医生想了一想说："一般的药都无济于事，只有一种药倒可以试试，但是我只是说试试，死活却很难说。"

媳妇听了，马上向医生哀求："只要有一丝希望，我就要努力去做，一定把药弄到，医生，你行行好，快开药方吧！"

医生点了点头，告诉她说："弄这种药倒并不难，难的是要用亲人的血和肉做药引，才能有治病救人的效力。"

"你快告诉我，媳妇算不算亲人？"

"媳妇本是自家人，怎能不算亲人呢？"

"那好，别说要我的血肉，就是用我的命来换，我也情愿。"

媳妇的话使医生深受感动，就开好药方交给媳妇，媳妇连夜赶到梁弄买药，回来后又马上煎汤，然后用嘴狠狠咬住自己左手臂的肌肉，右手拿来剪刀，"嚓"的一声剪下一块肉来，放入药汤中，又把鲜血滴入药罐内。婆婆喝了用媳妇的血和肉做药引的药汤，头颈后面的红肿逐渐消退，疼痛也慢慢消失。三天后，恶疾基本痊愈。

其实，用亲人的血肉做药引治病，在医学角度来说，是完全没有科学依据的。但是或许是媳妇的孝心感动了神明，老天开眼，让婆婆有了第二次生命。

李家坑孝顺媳妇用自己的血肉做药引，治好婆婆重症的消息传开以后，各地的人们都纷纷赞扬，有的还翻山越岭到李家坑来，要亲眼看看这个孝顺媳妇什么模样。后来知县老爷也得知了这一消息，高兴得不得了，他想："本官辖下的子民，出了这样一个品德崇高的孝顺媳妇，这也是做父母官的荣耀。"于是，他写了一道公文，派人送往杭州，将此事报告浙江御史提督，御史提督速奏皇上。光绪皇帝看了奏章，龙心大悦，马上下了一道圣旨，恩赐李家坑孝顺媳妇吴氏"孝通神明"匾额一块，以示表彰。

（口述：李志岳　整理：吴瑞芳）

冷龙潭

在李家坑村东边一百米的溪坑中,有一个面积不大的水潭,潭中有一个冷水孔,渗出的水十分清凉。传说这里住着一条小白龙,所以被称为冷龙潭。水潭南边有一块10多米长的巨石,巨石中心有一个1米多高、两边相通的石洞,传说是小白龙住的龙屋。每当久旱无雨的时候,李家坑附近几个村的农民,就自发地组织起来,热热闹闹地到冷龙潭请龙求雨,小白龙每次都有求必应,在这一带普降大雨,人们把它称为龙王菩萨。

有一年夏天,连着两个月没有下雨,这可急坏了山区农民,各村头人经过商议,准备请龙求雨。一天夜里,李家坑头人李安宝正在家中睡觉,睡梦中好像有人叫他。他出来一看,只见门外站着一个年轻后生,头戴白色礼帽,身穿白衣白裤,他对安宝说道:"我是冷龙潭小白龙,以后不要来冷龙潭请我了,我不在那里了。"

李安宝忙问:"我们马上又要请龙求雨,到哪里找你呀?"

小白龙回答说:"我到很远很远的地方去了,你们找不到我的。"

"天不下雨,粮食收不上,穷人就会饿死,难道你见死不救吗?"

"冷龙潭下面住着一条老黄龙,你们可去请他降雨。"

小白龙说完就不见了,李安宝一觉醒来,觉得非常奇怪,第二天一早就把梦中的事向大家说了,大家都认为这是小白龙托梦,所以不再到冷龙潭请龙了,就按原来请龙的仪式,来到下面水潭,请来了老黄龙。可能是以往没请老黄龙,老黄龙生气的原因,一连几天,天上只见乌云而不下雨,到了第三天傍晚,冷龙潭上空乌云密布,下了几滴小雨,突然,一道闪电,一个响雷震天动地,过了一会儿,天上乌云尽散,大家都说:"老黄龙雷声大雨滴小,有小白龙在就好了。"

那天夜里,李安宝在梦中又遇到了化作后生的小白龙,他问小白龙为什么离开冷龙潭,小白龙告诉他被逼离开的缘由,原来,冷龙潭上山的风凉洞来了一条蜈蚣精,想侵占小白龙的龙屋,并要与小白龙决斗,小白龙自认为是条真龙,没把小小蜈蚣放在眼里,一不小心让蜈蚣爬到了身上,那蜈蚣迅速变大,一下子变成跟小白龙一样大小,将身上所有的脚爪狠狠抓住龙鳞,一口毒气吹掉了小白龙的一只龙角(现在冷龙潭边的一块三角形岩石,传说就是小白龙掉下的龙角),小白龙痛得嗷嗷直叫,眼看就有死亡的危险。它急中生智,飞到山上就地打滚,那蜈蚣精经不住小白龙的碾压,才把脚爪放开,小白龙趁机逃走,再也不敢回到冷龙潭去了。

听完小白龙的诉说,李安宝目瞪口呆,他又偷偷看小白龙一眼,见他一副春风得意的样子,感到十分奇怪,就开口问道:"既然蜈蚣精把你害得如此惨,你为什么还是很高兴的样子?"

小白龙哈哈大笑:"你没听见今天傍晚的一声响雷吗?雷公雷婆已经把这条作恶多端的蜈蚣精用雷劈死了,所以我又回到冷龙潭,可以为大家效劳了。"

李安宝还想再问,小白龙早就不见了。第二天,他把梦中所见向大家说了一遍,大家高兴地说:"我们心里盼望的小白龙又回来了。"于是立即又到冷龙潭去请龙求雨,当天夜里,方圆几十里下了一场大雨,旱情解除。第二天,人们在冷龙潭边点起香烛,跪地叩拜,感谢小白龙的恩德。

从此以后,小白龙又在冷龙潭安家落户,成为当地百姓的守护神。

(口述:李行耿　整理:吴瑞芳)

神仙居住的地方

传说古时候,有刘晨和阮肇两人到四明山采药,到天色晚了才想起回家。可是山深林密,他们怎么也找不到回家之路了。由于带的干粮不多,他们整整饿了十三天,靠采些野果子充饥,总算保住性命。他们互相搀扶,顺着一条溪坑的流水走去,这条溪坑就是现在李家坑的大溪坑。走不多远,只见溪水中漂来一个杯子,杯子中还盛着热饭,两个人一见粮食,一手抓一把就往嘴里塞,也顾不得一副狼狈不堪的样子。正在这时候,忽然听到一阵笑声,抬头一看,两个如花似玉的美女出现在他们面前,美女一阵风似的跑了过来,二话没说,也不问问他们愿不愿意,一人一个,拉起手拖着就走,两个男人被弄得莫名其妙,不知究竟是怎么回事。

美女把他俩带到家中,几名使女模样的女子出来迎接,屋里已经准备了一桌酒席,好菜美酒,还有使女奏乐陪伴。刘晨、阮肇早已腹中空空,就狼吞虎咽地大吃起来,酒足饭饱之后,又有使女把他俩各自引到一间闺房,闺房里点起一对花烛,再一看,拉着他们来的美女坐在床边,一身新娘子打扮,微微带笑、含情脉脉。两个没结过婚的年轻人,见此情此景,早已神魂颠倒,再也按捺不了内心的激动,也就顺水推舟地成了夫妻。

十天后，刘晨和阮肇想念家中父母，要回家看看，两位已为人妇的美女一下子就嘟起嘴巴不高兴了："郎君就要丢下我们走吗？"

刘阮两人一想，这倒也是，结婚刚十天，就想开溜，也太不厚道了吧，只得留下来日夜与美女相伴，好吃好喝又过了半年，如果再不回家，实在太对不起家中的父母了，于是，再次向妻子提出回家探亲的要求，这次妻子总算笑着同意了，还详细告诉他们出山的路径，两人马上动身，直往家中奔，又怕以后回来迷路，一路上做了不少标记。

回到家里，眼前的情景使他们十分惊奇，老家找不到了，熟悉的人也没有了，问起家中父母，谁也不知道。离家才半年时间，怎么会变成这样呢？简直是做梦一样，这时，刘晨和阮肇猛然想起"神仙一天，人间百年"这句俗语，心里这才明白，原来，和他们共同生活半年的两位美女，就是天上的仙女。

这事传开以后，村里的几个年轻人都要跟着他们去看看仙女，他们按原来路上做的标记，很快找到了仙女住的地方。可是仙女没有了，房子也不见了，只有四周的青山依然那样翠绿，静静流淌的溪水还是那样清澈。刘晨和阮肇因为已经成仙，到另一个世界去了，随他们来的几位年轻人见这里山好水好，也不愿离开，便在山间溪边居住下来，开山造地，成家立业，繁衍子孙。也许这就是李家坑夏姓祖先的开始。

（搜集整理：吴瑞芳）

鸡冠岩的传说

李家坑村边有一座特殊的坟墓。据传，坟主是余姚大岚一户姓戴人家。这家人很有钱，但钱还不满足，他们想要下代做官，飞黄腾达、光宗耀祖。于是就请来了一位风水先生，想找一块风水宝地，为年过花甲的老爹做寿坟。这风水先生接受了戴家的请求，从大岚一路过来，找遍了山坳，最后在李家坑附近的山上发现了一块风水特好的穴位。他把这穴位说成是："头戴鸡冠岩，身坐小横山，手捏黄梁山，面朝狮子岩。"风水先生说得头头是道，主人听了十分高兴，马上请来石匠师傅和几位帮工，开始挖土造坟。

这一天，风水先生在造坟工地现场指导，觉得有点口渴，这时正好戴姓人家的孙子在坟地督工，于是风水先生就对他说："我口渴了，你给我拿点茶来，让我喝喝。"

戴姓孙子一听，心里很不高兴，心想："你这人派头倒不少，离家这么远，要让我去拿茶给你喝，太过分了吧！"

他不但脸上流露出一副很不耐烦的样子，而且嘴里还没好气地说道："茶没有！溪坑里不是有水吗？"

此话一出，把风水先生气得直喘粗气，心想："你既不仁，我就不义。"想了一想，他心里顿生一条妙计。第二天，他不动声色，依然像往常一样来到工地，趁戴姓孙子不在的机会，他对挖坟穴的帮工们说："我到李家坑朋友家中去喝茶，你们慢慢挖吧。"

帮工忙问："风水先生，坟穴挖多深？"

风水先生朝坟穴看了一看，然后说："挖得越深越好。"

说完就背着双手、迈着方步走了。

帮工们听风水先生这么一说，心里就有底了，挖得越深，主人就越满意，说不定会多给一点工钱，于是干得更加卖力，拼命地往下挖呀挖呀，坟穴已经挖得很深很深了，但还是想要往下挖。突然，地底下露出了一个金色的鸡冠，先发现的人想停止挖土，先看看这是什么东西，另一个人却没有注意到，锄头已经下去了。由于用力过猛，这一锄头下去，把金色的鸡冠砸碎了。正在大家惊讶的时候，冷不防"啪"的一声，地底下飞出一只金鸡，头上顶着带血的鸡冠，拍拍翅膀，朝着大岚方向飞走了。

金鸡一飞走，飞出金鸡的地方立刻冒出水来，而且越冒越大，这下大家都慌了手脚，不知如何是好，这时，正好风水先生喝茶回来，帮工忙问他怎么办，他就冷冷地回答："拿瓦片来把水堵住。"

于是一伙人忙去挑来许多瓦片，放入坟穴堵水，可是水还是不停地往外冒，瓦片填了一层又一层，到第三层填完，总算把水堵住了，戴家人这才松了一口气。

自从金鸡飞走以后，这里的风水被彻底破坏了。戴家人做官发财的梦没有实现，反而逐渐败落。鸡冠岩的传说也就从此流传下去，戴家孙子的一言之差造成的后果，也给李家坑的后人留下了教训。

（口述：李旭初　整理：俞波）

雨伞岩的传说

从前，李家坑有兄弟俩。有一天，他们一起上山砍柴，那时正值秋高气爽，天气还是很热,砍完柴,已是大汗淋漓。看看太阳,时间还早,兄弟俩决定到溪坑里去洗洗澡。等洗完澡准备回家的时候,哥哥看见路边有一只绿色的翠花鸟,很是漂亮,他就问弟弟说:"你看,这是什么鸟?"

弟弟也没见过这么漂亮的鸟,就说:"这种鸟我也从来没见过,不知道是啥鸟。"

于是哥哥一挥手,与弟弟打个招呼,两人有了默契,兄弟俩慢慢地向小鸟靠拢,准备突然出手,想一举将小鸟抓住,谁知刚接近小鸟,伸手要抓它的时候,小鸟就飞起来了,飞到前面路边又停了下来,兄弟俩紧追不放,小鸟飞一阵、他们追一阵,一直追到一个叫雨伞岩的地方,一下子就钻进洞里不见了。

兄弟俩一看,雨伞岩下面悬崖峭壁,岩石上面有个很明显的裂缝,裂缝旁边隐隐有几个字,哥哥仔细一看,写的是:"笃笃笃,石门开,苏州有人来。"弟弟上去在裂缝边用柴刀敲了起来,正在弟弟敲岩石的时候,哥哥大声地把岩石上的字句念了出来:"笃笃笃,石门开,苏州有人来。"这时,奇迹出现了,岩上的裂缝突然化为大门,"哗"的一声打开了,只见里面黑漆漆的。兄弟俩大着胆子走了进去,想看看里面到底有什么秘密。刚走了十几步,一个闪电,洞内一片光明,只见前面是一个客厅,门前拴着一匹白马。再走进去,又是一间屋,屋内的墙壁上挂着一柄宝剑。他们继续走着,走到第三间屋的时候,只见一个白发老太太在纺棉纱。老太太一见有客人进来,马上起身迎了出来,热情地请他们喝茶,还要请他们吃了点心再走。兄弟俩觉得这个地方非常神秘,也猜不透白发老太太是好心还是恶意,所以无论如何不肯吃点心,准备马上回去。

他们按原路返回,来到第二进,原来的白马不见了,屋里放着一个大箱子,还上了锁,弟弟双手掂了一下,有点分量,哥哥说:"这么神秘的山洞里,有这么个箱子,说不定里面藏着金银财宝。"

弟弟也说:"如果是金银财宝,放在这里也是没用的,不如拿到外面去,可以造桥修路,救困济贫,让没饭吃的人不会饿死,没衣穿的人不会冻死。"

于是两人一商量,决定先把箱子偷偷背出去,以后再替天行道。谁知他们背着箱子走到第一进屋时,只见门边横卧着一条大蛇,挡住了他们的去路,大蛇张着血盆大口,伸了伸舌头,两只眼睛紧紧盯着兄弟俩,两兄弟吓得魂不守舍,赶紧丢下箱子,从洞口逃了出去。

回家后,兄弟俩越想越觉得这件事非常奇怪,他们长这么大从来没听说过这座山上的岩石有裂缝和文字,要不是亲身经历,谁也不会相信。于是他们就把那次经历告诉了左邻右舍。这立刻在村里引起轰动，大家纷纷要他们上山带路，到这个地方看个究竟，可是当大家一起来到雨伞岩时，上面的字和裂缝都没有了，只剩下一个光秃秃的石壁。后来还是有人不死心，经常跑到这个地方来看，几百年来再也没人能进去了，这事一直是个谜，成了李家坑的传说。

（口述：李德双　整理：俞波）

百步阶往事

　　百步阶是李家坑村所辖的一个自然村，由于村边有一条一百阶的古道，因而被称为"百步阶"。过去也曾有较长时期被称为"百步街"。这"阶"与"街"音相同而字不同，其意思更是牛头不对马嘴，这一字之差究竟有什么区别呢？民间流传着这样一个故事。

　　传说很久以前，有一天，一个手摇着拨浪鼓的货郎客，肩上挑着货郎担，一路喊着"鸡毛兑饭包喽！""洋红洋绿好买哉……"从化龙庄一路而来，经过杖锡寺门口，直往百步阶而去，走了一阵，见路边有一凉亭，就想进去歇歇。

　　货郎客一进凉亭放下担子，先向亭内的土地公公、土地婆婆拜了三拜，然后坐下，拿出旱烟管抽烟，他美美地一口气抽完一盅，就随手将烟管的头在旁边敲了几下，想把燃尽的烟灰敲出来，正好敲在香炉上面，这只香炉在凉亭不知放了多少年，也不知是什么东西做的，已被香火熏得黑扑扑的沾满灰尘。那旱烟管的头是铜做的，一碰到香炉，那香炉就发出"叮——嗡嗡——"的声音。货郎客是跑江湖吃八方饭的人，听各种金属的响声很有经验，他觉得这香炉的响声非常特殊，好像不是铜的，更不是铁的。他心存疑惑，又用烟管头敲了几下香炉，一种悦耳的声音在他耳边久久回荡，货郎客心头一热，大喜过望，哈哈大笑："这是金子的声音，啊！原来这只香炉是金子做的，我发大财了！"

　　"运道来，不怕呆"，货郎客见四下无人，顿时起了贪心邪念，就将金香炉装入货担内，表面用货物盖住，马上挑起担子，也不往百步阶村里去了，急匆匆地消失在山间小路尽头。

　　第二天一早，百步阶岭依然像往常一样，很多人上上下下。这时，有人在凉亭中停留，发现那只香炉不见了。这个消息一传十、十传百，没几日就传到杖锡寺当家老和尚的耳朵里。其实，老和尚早就知道这只香炉是金子做的，一听说被盗，大吃一惊，就马上派出僧人对百步阶上下一千步内进行搜查，但一无所获。他又立即请来天童寺有破案经验的十几位僧人来侦破此案。这些僧人进村后，对全村进行地毯式搜查，家家户户翻箱倒柜、挖墙扒土，闹得百步阶人心惶惶，到处鸡飞狗跳。这些和尚还扬言说："就是挖地三尺，也要把金香炉找出来。"

村里的族长太公见这些和尚蛮横无理，实在看不下去，就站出来对他们说："你们为什么只在这里搜查，不到别村找找？"

僧人回答说："我们是奉杖锡寺方丈的命令，要在百步阶找出金香炉。"

族长太公听了哈哈大笑："你们搞错了，百步阶只是这条岭的名字，你们没听说有上百步、中百步、下百步吗？"

接着，他又用手指了指前面的几个村庄说："这上下许多村庄都叫百步街，这'街'的范围大着呢！你们不去那里查一查，咋能查到金香炉呀？"

天童寺和尚由于不熟悉这里的地名，觉得族长太公的话很有道理，就到别村搜查去了，百步阶才逃过这场灾难。从此，百步阶被称为百步街，直到1983年，才恢复旧名，建立百步阶村，2004年并入李家坑村。

（搜集整理：严志苗）

李家坑寻宝

李家坑村向东有筲箕斗和柞湾两个自然村。筲箕斗地方呈块状，有20户人家，因地形像盛米用的筲箕，故取名筲箕斗。柞湾有10来户人家，因附近柞树多而取名柞湾。两村人都姓沈，祖先都来自余姚市柿林村。

相传在清朝年间，大岚乡柿林住着几十户姓沈的，都衣食不缺、子孙满堂。有一年夏天，有一户沈大爷的小儿子得了重病，卧床不起，头颈肿得碗口大。几天下来茶不思，饭不想，急得家里团团转。因请不到郎中，只好自己用土办法、土药材治疗。经多方打听，他们得知有一种叫柞树根的药材能祛风利湿，散淤消肿，专治痈疽肿毒、喉痹等。只有寻到百年柞树，才能治好小儿子的病。

一天，沈爷爷把大房的儿子阿大和二房儿子阿二叫到跟前，对他们说："你叔叔病重，只有寻到百年柞树，才有活命希望。你俩到山上去寻找此药，救你叔叔性命。"

阿大问道："爷爷，四明山方圆几百里，不知哪里有百年柞树？"

爷爷想了一会儿，然后说："百年柞树是树中珍宝，它的根对病人来说更是宝中之宝。李家坑那边风水好，或许那里能够找到。"

第二天一早，兄弟两人穿上草鞋和上山袜，带足冷饭包及必需工具，向李家坑附近的山林出发。他们蹚过了溪水，翻越了几个山头，找了许多山坳，却没有见到百年柞树的踪迹。到了中午时分，太阳当头照，烈日如火烧。两个年轻人已累得汗流浃背，筋疲力尽。这时候，他们走到一个箕斗似的山坳里，这个地方上大下小，下面有溪水流淌，上面有大树遮阴，真是避暑祛热的好地方。兄弟俩都觉得肚中饥饿，就坐在树荫下，抖开冷饭包，狼吞虎咽地吃了起来，吃饱后又在溪水中洗脚，感到舒服极了。然后，就在树下草地上躺了下来，不一会儿就闭上眼睛，迷迷糊糊地睡着了。就在此刻，兄长阿大做了一梦，梦见不远处的一个湾塘里有一棵高大参天的金色柞树闪闪发光，树干树枝全是毛刺，他正想赶上去挖根，梦就醒了。醒来后，他立即叫醒阿二，把梦到的事情告诉阿二，两人即刻动身沿着茅草小路四处寻找，果然在不远处找到了梦中见到的那棵高大的柞树，树龄至少一百年以上，旁边大大小小的柞树有几十棵。兄弟两人高兴得不得了，马上拿起随身带的锄头，挖了许多柞树根，天黑前赶回家中。家里人一见采到了救命宝贝，就马上生火煎药，不到一个时辰，热乎乎的柞树根汤送到了病人口中，第二天病情就有了好转，不久，沈大爷的小儿子就恢复了健康。

采药回来后，兄弟两人的心头念念不忘李家坑的好山好水，觉得这次不仅采到了救命的药材，更重要的是寻到了两处风水宝地。到了初冬时节，地里的作物收获完毕，家中粮仓已储满。于是，阿大阿二以砍柴烧炭为名，经父母同意后，到李家坑附近的山坳里搭起茅屋，开始自力更生、开山挖田，后来成家立业、繁衍后代。阿大住在当初吃冷饭包、洗脚的山坳里，这地方就取名"筲箕斗"。阿二住在长满柞树的地方，那里就取名"柞湾"。

（搜集整理：严志苗）

"飞天横木"之谜

李家坑村的背面有一条蟹坑岭，上岭五里路就是杖锡禅寺。据传，此寺曾一度辉煌，有一千多名僧人，一百二十头水牛，它倚仗佛教的威力，势力范围很大，当时的徐家畅（即现在的李家坑）附近的许多村，都在它的范围之内。

明朝年间，余姚石潭出了个寒门学子叫龚辉，从小失去父亲，全靠母亲一手把他拉扯大。只因家境贫寒，到九岁还没有进私塾读书。龚辉天资聪颖、一心向学，经母亲多次含泪向杖锡寺方丈恳求，才被允许进杖锡书院读书。由于家庭条件不好，吃的自然要比别的学生差，一年四季穿着补了又补的百衲衣。他人长得粗眉大眼，一表人才，而且好学上进，但是先生对他另眼看待，是因为这个先生贪得无厌。别的学生不是送礼就是请客，只有龚辉的家中实在没有能力来孝敬先生，先生对此事怀恨在心，几次三番想轰走龚辉。然而龚辉品学兼优，先生对他也奈何不得，但他常在方丈老和尚面前搬弄是非、数落龚辉。

有一年元宵节，龚辉因家离得较远、来往不便，只好留在寺内。那位先生就跑到方丈那里说："你看龚辉这小子，哪是知书达理的样子，为了吃寺里的汤圆，连家里的寡母都不管了，这何来孝心？还读什么书呀！"

方丈一听，火冒三丈，心想：这还了得，小小年纪这么贪小便宜，长大后一定非贼即盗，气得想立即把龚辉赶走，后来一想，得先狠狠整治一下这个小子。

到了吃饭时候，龚辉和几位没有回家的学生同先生一起坐在斋堂等待用餐，因为是元宵节，寺僧端上一锅素心汤圆，龚辉拿碗去盛，谁知先生把准备好的一碗汤圆递到龚辉手里："龚辉，你不必盛了，你吃这碗！"龚辉不知是计，朝着先生低头，说了一声"谢谢先生"。

龚辉看着满满的一碗汤圆，心里非常高兴，用筷子夹了一个，放进嘴里一咬，顿感又苦又咸，他哪里知道别人吃的汤圆都是黄糖豆沙馅，而他吃的却是食盐馅。他怎能吃得下去，只得"呸"的一声吐在地上，方丈见状哈哈大笑："阿弥陀佛，小小年纪，自作自受。"

一旁的先生也咧着嘴笑个不停，见龚辉放下碗不吃，就瞪着双眼厉声训斥道："你这个不识抬举的东西，想白吃寺里的汤圆，就让你尝尝汤圆的味道！"

龚辉心头冒火，朝方丈和先生怒目一瞪，大声说道："那就让你们自己吃吧！"

龚辉回到自己房间的地铺，泪如泉涌，但是他还是强忍屈辱，没把此事告诉母亲，而是更加发奋读书，后来高中进士，官至户部侍郎。

有一年，皇帝要扩建金銮殿，命龚辉负责，龚辉趁机奏了一本，说金銮殿必须要用"飞天横木"为梁，此木只有杖锡寺有。于是皇上下诏，要杖锡寺将"飞天横木"献给朝廷。圣旨一到，杖锡寺方丈岂敢违抗，但谁也不知道这"飞天横木"是什么样子，只好拆掉寺里全部大殿及厢房，把所有的栋梁运往京城，至此杖锡寺被拆得面目全非，元气大伤。

一次，龚辉回家省亲，杖锡寺方丈获悉后，马上赶到龚府，每天在龚府门前敲着木鱼诵经。龚母以为是和尚化缘，施与谷物，和尚不要；又施与银两，和尚仍然不要，龚母甚感不解，便问和尚因何缘故？和尚说："只求龚老爷龚大人施恩，示明'飞天横木'为何物？"

龚老夫人就去问儿子，龚辉咬咬牙齿，狠狠地说出一番话来："此和尚乃势利透顶的石秃！什么飞天横木？连一根青柴都不认识。"

接着，他就把当年在杖锡寺读书时的遭遇向母亲详细地说了一遍，"飞天横木"的谜底才被揭开。

（口述：王继淼　整理：俞波）

回马亭

李家坑西边有一条燕岩岭古道，过去这里是李家坑通往余姚、梁弄的唯一通道。岭上有一处过路行人歇脚的地方，人称小凉亭。凉亭内有土地公公和土地婆婆的泥塑像，两旁设有石凳，亭中间放了一个茶桶和两个带柄的竹管，天天有李家坑好心人在此施茶。施茶人每天在家里烧好茶水带过来，热天放"六月霜"，冷天泡茶叶，给行人解渴消乏。小凉亭成了南来北往的人避雨、休息的好地方。

抗日战争时期，有一年秋天，一小队日本兵一早从余姚县城出发，小队长骑着高头白马，杀气腾腾，过梁弄，到大岚，一路上烧杀抢掠，闹得处处鸡飞狗跳、哭声连天。他们在大岚抢不到有价值的东西，就放火烧村，一时浓烟滚滚，火光冲天。随日本兵一起来的一个汉奸翻译，是余姚人，略知当地情况，就向小队长献媚，说："这里太穷，前面李家坑大有钱财！"

小队长一听，心里十分高兴，马上跃上马背，把马鞭向士兵一挥，"向李家坑开路！开路！快快地！"

几十个日本兵马上出发，一路向李家坑方向而来，离燕岩岭凉亭不远的时候，只见前面路旁白烟四起，几乎看不清道路。小队长勒住马头，命令停止前进，叫翻译官去看看前面有什么情况。不一会儿，翻译官回来报告："报告太君，这是老百姓焚草烧焦泥。"

"焚草烧焦泥干什么？"

"农民要种蔬菜萝卜，积点土肥，与我们没有关系。"

小队长这才放心,下令继续前进。谁知刚到小凉亭前,随风而来的白烟熏得日本兵个个泪水直流。就在小队长用衣袖揩眼泪的时候,那匹大白马突然一声长嘶,前脚跪倒在地,把日本兵小队长摔了下来,日本兵小队长以一个狗吃屎的模样伏在地上。那翻译官一见,吓得面如土色,马上扶起小队长,拉着马缰绳说:"马失前蹄,这是不祥之兆,如果再到李家坑去,一定凶多吉少。"

"这是为什么?"小队长扯着喉咙直嚷着。

"李家坑是皇家后裔,这里有文官下轿、武官下马的规矩……"

这时,小队长已被吓得惊慌失措,翻译官这番话更让他心惊肉跳。他又想到共产党游击队的厉害,如果被他们在前面设伏,打一个措手不及,说不定自己性命不保。想到这里,他立即回转马头,大声命令:"回去!开路,快快开路!"这一群法西斯强盗,如丧家之犬,匆匆逃回余姚城里去了。

日本兵退回后,李家坑逃过一劫。有人说这是李氏家庙祖宗显灵,也有人说这是燕岩岭小凉亭土地菩萨用法力退兵,保一方平安。其实这件事另有玄机。原来,这是共产党抗日游击队的巧妙安排,他们乔装成当地农民,在烧焦泥焚堆中加上催泪的草药,让日本兵小队长的高头白马视线模糊,痛失前蹄,把这些强盗汉奸吓得慌忙逃命。英勇机智的四明山人民不费一枪一弹,智退敌人。

为了纪念智退日寇的胜利,李家坑人出资把燕岩岭上的小凉亭重新建造,并定名为"回马亭"。

(口述:李行完　整理:吴瑞芳)

2. 谚　语

人生类

量大福大,树大屋大。

养儿防老,积谷防饥。

爹有勿如娘有,娘有勿如自己怀有。

外头充阔佬,屋里烧缸灶。

敬重公婆敬重福,敬重老公有饭吃。

一张台子四角方,四人赌钱五人捞。

三天不吃饭,凸肚过江桥。

桥倒压勿着差鱼，屋倒压勿煞老鼠。
老鼠勿藏过夜食，当天寻来当天吃。
心直口快，致怨招怪。
自己做做来勿其，人家做做勿欢喜。
穷在街头呒人问，富在深山有远亲。
上半夜忖忖人家，后半夜忖忖自家。
三兄四弟一条心，后山烂泥变黄金。
三兄四弟杀只牛，不如独自打只狗。
一个和尚挑水吃，两个和尚抬水吃，三个和尚呒水吃。
越屯（休息）越懒，越吃越馋。
三岁打娘娘会笑，廿岁打娘娘上吊。
人老心勿老，树老根勿老。
男大当婚，女大当嫁。
恶人自有恶人磨，洋棘自有葛巴（癞蛤蟆）拖。
屋檐沿头水，滴滴不错沿。
冬吃萝卜夏吃姜，日日不用看医生。
廿年媳妇廿年婆，再过廿年做太婆。
嫁出去的囡，泼出去的水。
隔壁做官，大家喜欢，隔壁做贼，大家吓煞。
一不打和尚，二不打黄胖。
好汉不上两，上两要掰鲞。
命生苦，饭将补。
若要好，问三老。
小洞勿补，大洞吃苦。
娘家的饭香，婆家的饭长。
儿子生一百，勿值老公一只脚。
白米饭喂野狗，吃落滑奔走。
拳头打出外，手臂挽进里。
只好为乖人背包袱，勿好搭笨人出生意。

（搜集整理：李志平、李志岳等）

生产类

菜籽结顶,毛笋断命。

人误地一时,地误人一年。

儿要亲生,地要冬耕。

种田呒本,哪怕烂泥磨粉。

三生(牲畜、家生、后生)齐,好种田。

六月初一晒得瓦爿翘,勤力给懒笑。

廿亩棉花廿亩稻,晴也好落也好。

好田勿出烂,好牛勿过畈。

粒谷盘九年,天下占半边。

冬牛不瘦,春耕不愁。

秧子落缸,夫妻拆床。

谷雨起半畈,立夏耕燥滩。

夏至杨梅山头红,小暑杨梅要出虫。

种田勿用学,株株差一托。

芒种种田也不迟,一头黄秧一头便。

处暑根头白,每亩减一石。

船勿撞白撑,牛喂饱白耕。

百粒芝麻地头摊,收拢是有一白篮。

黄秧种燥田,发苗到来年。

种田早勿如养秧老。

十年早,九年好。

六月种番薯,大的像撑柱,小的像钉子。

处暑施肥正当时,白露施肥枉费心。

谷老壮米,麦老厚皮。

三百六十行,第一要算种田郎。

种田财主万万年,生意财主一蓬烟。

大熟年成隔壁荒。

冬至三瓣叶,立夏好过节。

芒种芒种忙忙种,芒种过了白白种。
白露白米米,秋分稻头齐。
秋分勿露头,割割要喂牛。
十月小阳春,梳头缠脚抵一工。
冲担两头尖,拔出现铜钿。
莫看满坡是石子,种下茶树变金子。
高山远山森林山,低山近山花果山。
番薯靠翻,竹林要删。

(搜集整理:李行耿、李行完等)

生活类

番薯六谷半年粮,臭卤咸齑当长羹。
出门三条岭,饭包挂头颈。
吃吃六角糊,走走黄泥路。
金窝银窝,不如家里草窝。
千层衣万层衣,不及一层破花线。
出门一里,不及屋里。
三年薄粥买头牛,三年烂饭一层楼。
半世人好做,半肚饭难吃。
吃勿穷用勿穷,打算勿好一世穷。
良言一句三冬暖,恶言伤人六月寒。
吃肉要吃前夹身,凑队要凑老成人。
人穷志气高,勿好也会好。
嘻嘻哈哈散散心,勿讲勿话要生病。
抽烟多伤肺,醉酒伤精神。
饿煞不论啥羹汤,想困不顾啥眠床。
牙痛不是病,痛煞吭人问。
年轻时人寻病,到老来病寻人。
饭后三百步,好比开药铺。
肚里有病嘴里起,眼睛有病从手沾。

热勿马上脱衣，冷勿马上加棉。

睡前洗洗脚，赛过吃补药。

人参一斤，不如糙米一升。

饥不暴食，渴不狂饮。

不沾烟和酒，活到九十九。

脑子怕勿用，身体怕勿动。

勿气勿愁，活到白头。

吃得好穿得好，不如夫妻同到老。

只好加一斗，勿可加一口。

浪费无底洞，坐吃山要空。

带鱼吃肚皮，说话讲道理。

会赚铜钱多背债，会讲闲话多招怪。

人情急如债，镬爿揳出卖。

自傲馒头白，咬开纯是麦。

（搜集整理：李志平、李志岳等）

自然类

杖锡吽六月，遮拢就落雪。

千株棕万株桐，一生一世吃勿穷。

十月小阳春，百花红一红。

冬至下雪米如泥，夏至动雷暗荒年。

干净冬至邋遢年，邋遢冬至干净年。

冬冷不算冷，春冷冻死犊（小牛）。

前人种树，后人乘凉。

十年刺杉一根椽，十年尺树好打船。

冬至月头，卖被买牛。（天气热）

冬至月中，日风夜风。（风多）

冬至月底，卖牛买被。（天气冷）

雷打惊蛰前，四十九天不见天。

清明要明，谷雨要雨。

雨打立夏,无水洗耙。
小满勿满,芒种不管。
早上芒种晚上梅。
芒种勿落雨,紧割三天麦。(天要下雨,抓紧收麦)
夏至风西南,鲤鱼攻深潭。(天将旱)
小暑一声雷,返转重做梅。
立秋无雨廿日晴。
大旱勿过七十半。
处暑荞麦白露菜。
白露白米米,秋分稻头齐。
秋分不出头,割割喂老牛。
霜降无霜,廿天无霜。
未霜先霜,卖米掺糠。
立冬豆地平。
未雪先雪,稻田不用关缺。
冬至牛碾塘,谷米无处藏。
小寒上山趁天晴,大寒闭门家中坐。
饭前落雨饭后晴,饭后落雨(一天)永不晴。
春霜勿露白,露白要出脚,春霜三朝白,晴到割大麦。
春雾雨、夏雾日,秋雾凉风冬雾雪。
吃过端午粽,还要冻三冻。

(搜集整理:李行耿、李行完等)

3. 歌　谣

长寿歌

六十小弟弟,七十中青年,
八十勿稀奇,九十雷雷千(很多的意思)。
一百多岁脚骨健,欢欢喜喜活落去。

正月嗑瓜子

正月嗑瓜子，二月放鹞子，三月种田撒秧子，
四月上坟带顶子，五月端午吃粽子，六月夏天扇扇子，
七月老三驮（拿）银子，八月月饼嵌馅子，九月稻田收谷子，
十月吊红夹柿子，十一月里落雪子，十二月凉亭冻煞叫化子。

里山老戎（妇女）苦

里山老戎苦，吃吃六谷糊，穿穿老土皮，
困困木板铺，走走黄泥路，有苦呒处诉。

做年糕

冬至一过年关到，买鱼买肉做年糕，
隔壁婆婆年纪大，问其年糕几时做，
要么明朝日里做，烦烦杂杂小人多，
要么明朝夜里做，脚木眼跳费灯火，
派来派去呒告做，问侬阿婆年咋过。

囡囡宝

囡囡宝，侬要啥人抱？我要阿爷抱，阿爷胡须捋捋困晏觉。
囡囡宝，侬要啥人抱？我要阿娘（奶奶）抱，阿娘烧香念佛进庵堂。
囡囡宝，侬要啥人抱？我要阿爸抱，阿爸出门赚元宝。
囡囡宝，侬要啥人抱？我要阿姆（妈妈）抱，阿姆做鞋做袄袄。
囡囡宝，侬要啥人抱？我要阿叔抱，阿叔砍柴磨柴刀。
囡囡宝，侬要啥人抱？我要阿婶抱，阿婶养猪割猪草。
囡囡宝，侬要啥人抱？我要阿哥抱，阿哥读书做文章。
囡囡宝，侬要啥人抱？我要阿姐抱，阿姐房里绣花办嫁妆。
囡囡宝，派来派去呒人抱，还是快快长大自己跑。

节气歌

春雨惊春清谷天,夏满芒夏暑相连,
秋处露秋寒霜降,冬雪雪冬小大寒。

丫鹊鹊

丫鹊鹊,肚下白,三块鸡肉请老伯,老伯耳朵聋,快快请裁缝,
裁缝手脚慢,翻转拘野猫(迈),野猫挨足别(关门),鳓鱼吞海蜇,
海蜇括河塘,括出老和尚,老和尚念经,念出仙景,
仙景打笆,打出葛巴(癞蛤蟆),葛巴耘田,耘出黄鳝,
黄鳝尾巴打枪,打出麻雀(将),麻雀吃谷,吃出阿福,
阿福抬轿,抬出姨妈,姨妈磨粉,磨出猢狲,
猢狲挑水,挑出肉猪,肉猪吃糠,吃得又壮又胖。

冬至九九歌

一九二九滴水不流,三九四九冰开捣臼,
五九四十五蜡梅带雪舞,六九五十四芭头出嫩刺,
七九六十三破衣两头甩,八九七十二猫狗困阴地,
九九八十一嫩草出阳山。

夏至九九歌

一九二九扇子不离手,三九二十七吃茶甜如蜜,
四九三十六困觉不进屋,五九四十五树头黄叶舞,
六九五十四乘凉不得市,七九六十三夜眠盖被单,
八九七十二被单添夹里,九九八十一夜里无被心头急。

解(锯)树郎

欣连爽(锯树声)、解树郎(锯树人),
大师傅解(锯)大树,小师傅解小树,
咪咪师得解朵拄,(脚棒)烂泥菩萨解杂树,

树解好，饭吃饱，下饭呒告芋烤烤，

点心呒告黄米糕，糯米老酒咕咕喝，

白斩鸡肉手掰掰，阿拉生活惬意哦（吗）？神仙也要眼痒煞。

（搜集整理：李志平、李旭初等）

4. 谜 语

春天到，春心动，骨头硬，皮肉肿，皮里裂开一条缝，肉里要挖一个洞。（谜底：毛笋）

四角方方一座城，城里皇帝坐龙廷，城外兵马闹盈盈，进进出出忙不停。（谜底：养蜂）

门前山头一树血，看牛小顽抢抢吃。（谜底：杨梅）

住在深山冷坳，不怕乌风猛暴，活过百岁不老，独怕被蜈蚣（锯）咬倒。（谜底：松树）

红红瓶绿绿盖，千人走过万人爱。（谜底：吊红）

爹麻皮、娘红脸，生个儿子小白脸。（谜底：花生）

后门头一株菜，落雨落雪会跺开。（谜底：雨伞）

后门头一只缸，团团圈圈生疔疮。（谜底：铜鼓）

日里窸窸窣窣，夜里立壁角。（谜底：扫帚）

日里满棺材，夜里空棺材。（谜底：鞋）

两兄弟一样长，拉烂屙流脚跟。（谜底：蜡烛）

一个榔头七个眼，一个眼子会吃饭。（谜底：头）

十条田塍十条沟，十张瓦片盖横头。（谜底：手指）

两只酒埕倒笃覆，一天到晚不燥悉。（谜底：鼻子）

暗洞洞亮洞洞，十八将军抬勿动。（谜底：人影）

兄弟七八个，围拢排排坐，有朝分开手，衣服就扯破。（谜底：蒜头）

东洋矮子，房间躲之，人摘你帽子，你脱人裤子。（谜底：马桶）

东洋矮子一尺长，快快看医生，医生是嘎话，你里头热外头冷。（谜底：热水壶）

粽子头、梅花脚，顺风耳朵千里眼。（谜底：黄狗）

天里一枚针,跌落地里无处寻。(谜底:雨点)

(搜集整理:李夏明、李芬等)

(四)宗姓家谱

1. 修谱历史、文本状况

四明李氏宗族历来有修编宗谱的传统,每隔50年为一届,最后一届修谱是在1920年。该文本在"文革"时期丢失,如今遗留的一册《四明李氏宗谱》,根据世系图年份推断,应该编修于约1880年。该文本所载内容全部是世系排列,并无其他方面内容记叙。这册《四明李氏宗谱》现珍藏于村委会办公室,由文书李夏明保管,另有复印件一册在族人李行耿家中保存。

2. 祖 训

承祖业　克勤克俭
示子孙　唯耕唯读

3. 族 规

治家(为人)格言

黎明即起,洒扫庭院,要内外整洁;既昏便息,关锁门户,必亲自检点。一粥一饭,当思来之不易;半丝半缕,恒念物力维艰。宜未雨而绸缪,毋临渴而挖井。自奉必须俭约,宴客切勿流连。器具质而洁,瓦缶胜金玉。饮食约而精,园蔬愈珍馐。勿营华屋,勿谋良田。

三姑六婆,实淫盗之媒;婢美妻娇,非闺房之福。奴仆勿用俊美,妻妾切忌艳装。祖宗虽远,祭祀不可不诚;子孙虽愚,经书不可不读。居身务期质朴,教子务有义方。勿贪意外之财,勿饮过量之酒。

与肩挑贸易，毋占便宜；见贫苦亲邻，须多温恤。刻薄成家，理无久享；伦常乖舛，立见消亡。兄弟叔侄，须分多润寡；长幼内外，宜法肃辞严。听妇言，乖骨肉，岂是丈夫。居家戒争讼，讼则终凶；处世戒多言，言多必失。毋恃势办而凌逼孤寡，勿贪口福而恣杀生禽。

乖僻自足，悔误必多；颓惰自甘，家道难成。狎昵恶少，久必受其累；屈志老成，急则可相依。轻听发言，安知非人之谮诉；因事相争，安知非我之不是。须平心暗想。

施惠勿念，受恩勿忘，凡事当留余地，得意不宜再往。人有喜庆，不可生嫉妒心；人有祸患，不可生喜幸心。善欲人见，不是真善；恶恐人知，便是大恶。见色而起淫心，报在妻女；匿怨而用暗箭，祸延子孙。

家门和顺，虽饔飧不继，亦有余欢。国课早完，则囊橐无余，自得其乐。读书志在圣贤，为官心存君国，安分守命，顺时听天。为人若此，庶乎近焉。

4. 辈 分

李氏宗族世系表

第1代	李世民	唐太宗（598—649年）
第2代	李治	唐高宗（628—683年）
第3代	李旦	唐睿宗三世祖
第4代	李宪	李宕德，唐宁王，李隆基之兄
第5代	李琎	汝阳王
第6代	李枢	—
第7代	李子谊	—
第8代	李玄礼	—
第9代	李济	—
第10代	李傅裔	—
第11代	李守踪	—
第12代	李宗国	唐宁王九世孙，避乱杭州，后迁于金华

第 13 代	李自隆	江西市舶提举司
	李自复	散骑常侍，由金华迁居宁波象山
第 14 代	李高	朝请郎，居宁波象山
第 15 代	李奋	唐宁王十二世孙，迁居缙云为稠门始祖（907—905 年）
第 16 代	李谅	字纯之，中顺大夫
第 17 代	李朝著	字仲动，吾上将军
第 18 代	李道生	字浩然，朝议大夫
第 19 代	李舜臣	字尧佐，光禄大夫
第 20 代	李公释	字心传
第 21 代	李大巨	字克大
第 22 代	李仁抚	字孟恩
第 23 代	百字行	景祥
第 24 代	千字行	继宗（次子，1195—1267 年）
第 25 代	万字行	时远（次子，1214—1267 年，乐善好施，曾出粟助赈饥七邑）
第 26 代	胜字行	凤（1254—1328 年）
第 27 代	回字行	阡（四子，1299—1384 年）
第 28 代	永字行	永安（1336—？，约于元至正年间 1341—1368 从雅庄至长括）
第 29 代	文字行	世华（次子，1355—1406 年，勇敢多谋、御寇有功，授安抚典仗）
第 30 代	崇字行	伯忠（长子，1375—1415 年）
第 31 代	元字行	叔盛（长子，1398—1479 年）
第 32 代	亨字行	宗赐（六子，1437—1515 年）
第 33 代	贞字行	廷万（长子，1462—？）
第 34 代	仁字行	文镙（三子，1496—1575 年）
第 35 代	义字行	希珊（次子，1547—1606 年，极富文才）

第36代	礼字行	德恩
第37代	智字行	惟林（1598—1659年）
第38代	信字行	龚荐（长子，1638—1685年，李氏家庙重修碑记："四明李氏始祖名龚荐，字龄一，系南宋进士吏部侍郎景祥公之十六世孙，清初自永康长括迁此卜筑定居，垦荒开基，生息繁衍丁旺逾千，为山乡之盛族。"）、龚寿、龚凤、龚益
第39代	慈字行	承山（长子，1663—1701年，庠生，晚年成名），承川
第40代	孝字行	海福、海明
第41代	友字行	显章（传）、才、文
第42代	恭字行	安钦（传）、安忠、安祥、安国、安和、安宁
第43代	肃字行	学秀（传）、学富（传）、学锦（传）、学礼（传）
第44代	哲字行	思轼（传）、思炎（传）、思棠
第45代	谋字行	怀珂（贡生）
第46代	以字行	以迓
第47代	得字行	得近
第48代	志字行	志平
第49代	行字行	行和
第50代	道字行	道安

5. 排　号

百千万胜　回永文崇　元亨贞仁　义礼智信　慈孝友恭
新增行第为：肃哲谋（缺"圣"）　以得志行　道定国兴　邦民安乐

宁波传统村落田野调查·李家坑村

六 诗文选录

羽灵庙[1]

清·姚燮

险梦昨系千尺藤，挂落天底搜神灯。
白鹇戴冕黄爵昵，北斗射桷生芒棱。
绣旛飐露花髾髾，风语洞绿春烟冰。
莺腰一捻燕双睇，玉绡侍女芙蓉縢。
西墀抱壁苍水使，东阶仗钺黄门丞。
琉璃沃雪台九层，井犴猬缩不敢升。
灵威秘简龙文缯，呼我鹄立供钞誊。
捩肘忽触朱冠鹰，悍鹜抢舞同猎蝇。
银铛掷地飙沙砯，六丁怒发緎厨滕。
支巫掩面夔跬走，鬼车十万驱鞠鞃。
后招赤虎前青螣，铁索四罦蒙罗罾。
薜气缭袂云䨴䨴，势唯下陨难上腾。
彭姑淫笑被萝叶，发悬楮鹤要我乘。
闪尸北极电开目，崩角遥诉无相膺。
金鸡三啼众魔扫，定久尚觉神慴憕。
兹来顶礼上木像，羲身颉目吁可憎。
金钉兽啮兰楣螬，据座啜粥骄髯僧。
虞初怪诞不可考，倏忽殆有游魂凭。
社翁担俎丰肴脀，骏童墨面随拜兴。
豕肥牛壮食福膺，分馂报赛理所应。
谓神苗裔九龙冠，不絷天马骑溟鹏。
鞭叱章亥役大翳，提挈五岳当泥塍。
帝封叠锡王号称，数典了了如有徵。

---

[1] 羽灵庙也称李家坑庙。

昨梦或由此神幻,恐吾嬉笑来逼陵。
我殊有辞向神告,斯民茅处阡亦塍。
峒獠风气挟忍鸷,制钳信匪军官能。
惟神血食代司守,少资呵护兼纠惩。
出门履石俯空洞,蔽亏元气森林艿。
刀剑瘚凸环巢樜,蛇蹊诘屈缠为绳。
雷輹过顶闻吰噌,阴山炀火熊熊蒸。
雄风旗帜雌红绲,日神税驾游昆崚。
五幽魄散八埏肃,万峦碧照阆都澂。
丹藕琪蕤抵梧实,凤皇摩翮朝阳升。

(本资料由李行耿提供)

踚堂古岭渡溪至李家坑三章

其一

清·姚燮

倦云赴东壑,西壁开凉晖。
黄鸡呼饭人,出门客迟回。
引风剩一叶,傍我疏发吹。
始知空山秋,八月已萧颓。
策筇望前路,坦滑多苔莓。
柴门知谁家,野鞠颇有姿。
远径人负锄,似向此中归。
我虽尘世来,意澹接能谐。
旷翠汎窈窈,吾衫烟霏霏。

其二

清·姚燮

溪流若抚弦,弹我素心曲。
交合空濛岚,望疑竹天绿。
四岚无外浮,紧与一溪束。

下使溪水光，为黛不为玉。
踏矼行过南，吾影喜资浴。
还视顷所经，天梁但横瀑。
结宅容久栖，仙山事无促。
挂月松萝颠，卧携道书读。

其三
清·姚燮

溪南迤斜畈，一折幽复深。
夹路桫椤香，惜非桃花林。
萧然遇野老，向风坐披襟。
有田种山药，茁苗如紫蓼。
自食差有馀，饱外无闲心。
杂树偶为花，绕屋多佳禽。
虽非魏晋遗，淳古已堪钦。
讽以招隐篇，疏籁浮遥岑。

宁波传统村落田野调查·李家坑村

七 乡贤名士

1868年，李家坑始祖的七世孙李圣良（字思轼）、李圣恩（字思棠）兄弟，遵循先祖"唯耕唯读"之训示，捐田50亩，创办了李氏书塾"善教堂"，开创了耕读文化之路。到清朝晚期，小小的李家坑出了两名秀才，不但引起四明各地轰动，更是激励了李氏后人求知识学文化的信心。从此，一代代李家坑男女走出大山，走向全国，走向世界。李氏宗族出了许多文化名人，也涌现了不少文化世家和书香门第。

1. 李圣良、李圣恩世系

李怀珂：李圣良侄子，李圣恩之子，晚清秀才。光绪二十六年（1900）亲自任教李氏书塾，创新改制教学课程，提升了学堂档次，培养出许多文化人才，得到了当时主管教育官员的奖赏。

李启化：又名李以迓，李怀珂之子，生于1902年，卒于1956年。民国初期于李家坑"善教堂"教书。1920年，经同乡介绍去上海姚新记营造厂当学徒，他聪慧好学、勤恳待人，深得老板信任，几年后就担任该厂的施工部负责人。1925年参与南京中山陵施工，被委任为督造室主任。在此期间，他结识了林森（曾任国民政府主席）、孙科（孙中山长子，曾任行政院长）等国民政府大员。李启化带领一个优秀的建筑团队，包括专业化的建筑师、土木工程师和营造商群体，科学管理、严格施工，一丝不苟，圆满地完成了中山陵工程。接着，营造厂老板姚锡舟又介绍他到交通部技术处工作。

1932年，李启化自己创办了南京大源营造厂、南京艺华营造公司，先后建造了胜利剧院、大华剧院、人民剧院、首都剧院及许多场馆，又组建了南京剧院公司，还在上海西康路113号开办大经织布纱厂。中华人民共和国成立前还曾投资杖锡茶厂，所得利润用以补助善教学堂的开支费用。中华人民共和国成立后依然在南京办纱厂。1956年4月，因患肺癌医治无效病逝，享年55岁。

李得性（继正）：李启化长子，浙江大学毕业，南昌铁路局总工程师，江西鹰潭至南昌段铁路设计师。

李得述（继明）：李启化次子，毕业于上海光复商业专科学校，24岁后曾在武汉重型机械厂工作，64岁去南京。

李得宁：李启化幼子，上海复旦大学毕业，是著名数学家苏步青的学生，现为美国弗吉尼亚大学数学教授。

李慧珠：李启化长女，北京航空航天院核动力系毕业，后留校任教，20世纪50年代参加时任核工业部副部长钱三强院士主管的308科研小组（后改为北航动力推进系），曾参与我国首座秦山核电站主要工程设计。北航学院的电子版《回忆北航核动力系及核动力研究室》有她的记载，中央电视台也做过专题报道。她为我国核动力研究做出了卓越贡献，是著名核工业专家。

李玲珠：李启化次女，南京航空航天大学毕业，留校任数学系教授。

李瑶珠：李启化三女，又名李晨，清华大学毕业，毕业后留校任教。

2. 李适庚世系

李适庚：又名必寿，晚清秀才，曾在李家坑"李氏书塾"任教，教书育人，成效显著。尤其是他的五个儿子，在他的影响下，个个学业优秀、事业有成，被誉为"五子登科"。

李志轩：李适庚长子，生于1900年，小学就读于李氏学堂，后考上宁波第四中学，继而就读宁波高级师范，毕业后在宁波第二高级小学（现在的四眼碶小学）教书，任训育主任（教导主任），当时不设副校长，他是该校的第二把手。他终身甘作辛勤园丁，桃李满天下，1949年后，被调到定海中学任教，直到70岁逝世。

李志卿：李适庚次子，生于1904年，幼时就读宁波四眼碶小学，北洋大学毕业（现在的天津大学），他天资聪颖，好学上进，享受学校甲级免费待遇，也就是现在学校的奖学金。他生活节俭，处处精打细算，大学四年没有回家一次。毕业时，从天津返家，用的是他平时省吃俭用积蓄的路费。毕业后，任上海基泰工程公司土木工程师，浙江农业银行大楼的设计图就出自他手。后任宁波高级工业职业学校副校长，该校地处宁波江北岸泗洲塘，抗日战争爆发后，迁址临海大田，与省立杭州高级工业职业学校、杭州市私立大陆高级测量科职业学校合并为浙江工业干部学校，定址金华。李志卿因几经奔波，遭遇风寒，得肺炎而英年早逝。

李志熙：李适庚三子，生于 1908 年，宁波四眼碶小学毕业，就读宁波效实中学。由于学业优秀，保送上海交通大学机电专业。学校的德国教授看中他勤奋好学，要他留下做助教，几年后他升机电系教授，同时他也到其他大学兼职讲课。后因心脏病突发身亡，终年 52 岁。

李志文：李适庚四子，生于 1913 年，幼时就读宁波四眼碶小学，上海复旦大学毕业，土木系专业。抗战时期，受聘于国民党政府，来鄞县建造栎社机场，以工程师身份参与机场设计测绘。施工结束后，到大哥李志轩处（四眼碶小学）教书。后来参加舟山机场建造。舟山解放后去台湾，任营造厂主任、厂长、总工程师，直至退休。

李志武：李适庚五子，生于 1918 年，幼时就读于宁波四眼碶小学，武陵高级农业职业学校毕业。1938 年在武陵小学教书，几年后转到樟村翰香小学任教，后为公办教师，在樟村中心小学工作两年，调到甬新小学（即现在的宋诏桥小学），直至退休。

3. 其他世系

李碧华：又名李荷芝，女，宅居李家坑上通转（凤竹鹤松），上海医科大学毕业。1935 年—1936 年留学日本，归国后在宁波城隍庙附近医院（现为宁波市第一医院）工作，后任宁波助产学校校长。该校与浙江医学院合并后，其任浙江医学院副校长，浙江省人民代表。

李志逸：上海复旦大学毕业，土木工程师，任余姚国民政府建设技士（建设科长），主管余姚梁弄公路，抗战胜利后在宁波水利局工作，1949 年后去台湾。

李志谦：上海复旦大学毕业，土木工程师，与李志文、李志逸为同族叔伯兄弟，三人同年考入复旦大学土木工程系。"李氏一门三兄弟，同进复旦土木系"当时被传为美谈。毕业后为兰（州）新（疆）铁路桥梁工程师，后在西安铁路局工作。

李志彬：毕业于贵阳医学院，神经科专家。抗战胜利后，他回到李家坑老家，一住就是半年，凡山里人有病，他都热心诊疗，深受附近各村民众好评。后被调到杭州第一医院工作，任神经科主任。

李志性：宁波高级工校毕业，民航飞机机械师，中华人民共和国成立前在中印航空公司工作，后在澳门工作，其妻应玉姣，是蜜岩村应文生的孙女。

图片档案

— 村落面貌

— 历史见证

— 物质文化遗产

— 非物质文化遗产

— 民俗生活

— 生产方式

— 人　物

— 现　状

— 其　他

中国传统村落立档调查（图片）归档表

村落名称：李家坑村

所属省市乡（镇）：浙江省宁波市海曙区章水镇

拍摄者：吴瑞芳

拍摄时间：2016年3月—2018年5月

分类	分类号	图片编号	说明	备注
A 村落面貌	A-1 村落全貌	A-1-1	李家坑村全景	—
		A-1-2	从南山鸟瞰李家坑村	—
		A-1-3	从北向南看李家坑村	—
		A-1-4	从西向东看李家坑村	—
		A-1-5	从东向西看李家坑村	—
		A-1-6	村落夜景	—
	A-2 村落与 自然关系	A-2-1	村北屏障大山	—
		A-2-2	大溪坑	—
		A-2-3	榧树潭水库	—
		A-2-4	双龙戏珠之平珠石	—
		A-2-5	龙心石	—
		A-2-6	道冠山	—
		A-2-7	龙眼井	—
		A-2-8	溪边步阶	—
	A-3 村落 不同角度 的景象	A-3-1	村落朝北沿溪	—
		A-3-2	溪水绕湾	—
		A-3-3	村东南入口	—
		A-3-4	李家坑公园	—

续表

分类	分类号	图片编号	说明	备注
A 村落面貌	A-4 主要街巷	A-4-1	木鱼弄	—
		A-4-2	下横弄	—
		A-4-3	村西大路	—
		A-4-4	溪边弄	—
		A-4-5	蟹坑岭下的鹅卵石路	—
	A-5 重要 公共空间	A-5-1	四明廊桥桥面	—
		A-5-2	四明廊桥侧面	—
		A-5-3	万世桥	—
		A-5-4	村办公楼	—
		A-5-5	休闲别墅	—
		A-5-6	文化礼堂	—
		A-5-7	文化礼堂一角	—
	A-6 自然特色	A-6-1	道冠岭古道	—
		A-6-2	冷龙潭	—
		A-6-3	冷龙潭"龙屋"	—
		A-6-4	风凉洞	—
		A-6-5	蟹坑岭古道	—
		A-6-6	公路与古道连接处	—
		A-6-7	屋顶上的吊红	—
		A-6-8	村西一景	—
		A-6-9	村东一景	—
B 历史见证	B-1 村落 历史见证	B-1-1	村口古树（香榧）	—
		B-1-2	羽林庙旧址	—
		B-1-3	太公坟头古树	—
	B-2 家族 历史见证	B-2-1	李氏家庙	—
		B-2-2	祖先神位	—

续 表

分类	分类号	图片编号	说明	备注
B 历史见证	B-2 家族历史见证	B-2-3	祖训"唯耕唯读"	—
		B-2-4	祖训"克勤克俭"	—
		B-2-5	家庙匾额	—
		B-2-6	家庙正殿	—
		B-2-7	始祖龚荐墓	—
		B-2-8	家庙务本堂	—
		B-2-9	《李氏家庙重修碑记》	—
	B-3 文献	B-3-1	《四明李氏宗谱》	—
		B-3-2	宗谱内页	—
	B-4 其他有年款的遗存	B-4-1	义塾碑记	—
		B-4-2	书塾宅基捐款碑记	—
		B-4-3	庙内御赐匾额	—
C 物质文化遗产	C-1 公共遗产	C-1-1	李氏书塾	—
		C-1-2	堂前间	—
		C-1-3	下通转堂前匾	—
	C-2 民居建筑	C-2-1	环溪楼正门额	—
		C-2-2	新屋通转门额	—
		C-2-3	下通转门额	—
		C-2-4	与鹿游门额	—
		C-2-5	上通转门额	—
		C-2-6	里通转门额	—
		C-2-7	马头墙	—
		C-2-8	新屋通转宅内弄堂	—
		C-2-9	新屋通转步梯	—
		C-2-10	新屋通转侧门匾额	—
		C-2-11	新屋通转天井	—

续表

分类	分类号	图片编号	说明	备注
C 物质文化遗产	C-2 民居建筑	C-2-12	新屋通转木雕	—
		C-2-13	新屋通转游廊	—
		C-2-14	新屋通转游廊地坪	—
		C-2-15	新屋通转八字墙门	—
		C-2-16	新屋通转磉盘石	—
		C-2-17	下通转正楼与天井	—
		C-2-18	下通转侧门匾额	—
		C-2-19	下通转侧门门环	—
		C-2-20	普通民宅	—
		C-2-21	与鹿游民宅	—
		C-2-22	环溪楼木窗	—
		C-2-23	环溪楼磨地砖	—
		C-2-24	环溪楼木雕	—
D 非物质文化遗产	D-1 未列入名录的非遗	D-1-1	番薯枣子制作技艺	—
		D-1-2	箍桶技艺	—
		D-1-3	晒笋麸咸齑制作技艺	—
		D-1-4	石雕	—
E 民俗生活	E-1 日常生活场景	E-1-1	村民日常用餐	—
		E-1-2	两个老年人聊天	—
		E-1-3	老人在老年乐园用餐	—
		E-1-4	老式灶间	—
		E-1-5	农家小院	—
		E-1-6	石磨	—
		E-1-7	草鞋	—
		E-1-8	旧式家具	—

续 表

分类	分类号	图片编号	说明	备注
E 民俗生活	E-2 礼俗生活场景	E-2-1	庆祝百岁老人新年迎春会	—
		E-2-2	李红伟书记慰问百岁寿星	—
		E-2-3	向老人们发放慰问品	—
		E-2-4	旧式客厅用具	—
		E-2-5	旧时搁几大座	—
	E-3 交通工具	E-3-1	自行车	—
		E-3-2	小汽车	—
		E-3-3	电动三轮车	—
		E-3-4	公交站牌	—
F 生产方式	F-1 日常生产场景	F-1-1	番薯枣子制作过程之洗净	—
		F-1-2	番薯枣子制作过程之去皮	—
		F-1-3	打黄豆	—
		F-1-4	铺鹅卵石地坪	—
		F-1-5	苗木待发	—
		F-1-6	掏毛笋	—
		F-1-7	鲜茶叶	—
		F-1-8	茶叶制作（杀青）	—
		F-1-9	手工炒茶	—
		F-1-10	毛笋	—
		F-1-11	吊红	—
	F-2 生产工具	F-2-1	扁担、脚棒	—
		F-2-2	锄头、铁耙、坑铣	—
		F-2-3	土箕、箩、篮	—
		F-2-4	水碓舂米石捣臼	—
		F-2-5	风箱	—
		F-2-6	草鞋扒	—
		F-2-7	木耙、木犁	—

续表

分类	分类号	图片编号	说明	备注
F 生产方式	F-3 手工制品	F-3-1	番薯枣子精品包装	—
		F-3-2	笋麸咸齑	—
		F-3-3	刚出锅的茶叶	—
		F-3-4	淡笋干	—
		F-3-5	烤花旗芋艿	—
		F-3-6	毛笋鲞	—
		F-3-7	羊尾笋干	—
G 人物	G-1 村民肖像	G-1-1	李行完、李行耿、李志岳老人合影	—
		G-1-2	92岁退休教师李旭初	—
		G-1-3	102岁老人沈瑞香生活照	—
		G-1-4	102岁老人沈瑞香	—
		G-1-5	李氏宗族族长李德世（94岁）	—
		G-1-6	全村90岁以上寿星榜	—
	G-2 历史上的重要人物肖像	G-2-1	始祖龚荐公像	—
		G-2-2	先祖安和公像	—
		G-2-3	先祖安忠公像	—
		G-2-4	先祖安钦公像	—
		G-2-5	先祖安祥公像	—
		G-2-6	先祖安国公像	—
H 现状	H-1 近年来村落的新变化	H-1-1	道地小筑民宿	—
		H-1-2	青水湾农家乐	—
		H-1-3	榧香谷农家菜馆	—
		H-1-4	吊红园	—
		H-1-5	浙东第一漂	—
		H-1-6	村老年乐园	—
		H-1-7	漂流场景	—
		H-1-8	乡叙·章溪谷民宿	—

续 表

分类	分类号	图片编号	说明	备注
H 现状	H-1 近年来村落的新变化	H-1-9	西村口牌楼新景	—
		H-1-10	古村秋色	—
其他	I-1 其他	I-1-1	吊红节	—
		I-1-2	民协领导、作者与村干部合影	—
		I-1-3	民协领导、作者与村干部座谈	—

A 村落面貌

A-1 村落全貌

A 村落面貌

A-1-1 李家坑村全景

A-1-2 从南山鸟瞰李家坑村

A-1-3 从北向南看李家坑村

A-1-4 从西向东看李家坑村

A-1-5 从东向西看李家坑村

A-1-6 村落夜景

A-2　村落与自然关系

A-2-1　村北屏障大山

A-2-2　大溪坑

A-2-3 榧树潭水库

A-2-4 双龙戏珠之玉珠石

A-2-5 龙心石

A-2-6 道冠山

A-2-7 龙眼井

A-2-8 溪边步阶

A-3　村落不同角度的景象

A-3-1　村落朝北沿溪

A-3-2　溪水绕湾

A-3-3 村东南入口

A-3-4 李家坑公园

A-4　主要街巷

A-4-1　木鱼弄

A-4-2　下横弄

A-4-3　村西大路

A-4-4 溪边弄

A-4-5 蟹坑岭下的鹅卵石路

A-5　重要公共空间

A-5-1　四明廊桥桥面

A-5-2　四明廊桥侧面

A-5-3 万世桥

A-5-4 村办公楼

A-5-5 休闲别墅

A-5-6 文化礼堂

A-5-7 文化礼堂一角

A-6 自然特色

A-6-1 道冠岭古道

A-6-2 冷龙潭

A-6-3 冷龙潭"龙屋"

A-6-4 风凉洞

A 村落面貌

A-6-5 蟹坑岭古道

A-6-6 公路与古道连接处

A-6-7 屋顶上的吊红

A 村落面貌

A-6-8 村西一景

A-6-9 村东一景

B 历史见证

B-1 村落历史见证

B-1-1 村口古树（香榧）

B 历史见证　155

B-1-2　羽林庙旧址

B-1-3　太公坟头古树

B-2　家族历史见证

B-2-1　李氏家庙

B-2-2　祖先神位

B-2-3 祖训"唯耕唯读"

B-2-4 祖训"克勤克俭"

B-2-5 家庙匾额

B-2-6 家庙正殿

B-2-7 始祖龚荐墓

B-2-8 家庙务本堂

李氏家廟重修碑記

四明李氏始祖名龔薦，字齡一，系南宋進士吏部侍郎景祥公之十六世孫。溯初，自永康長恬遷此卜築定居，墾荒開基，生息繁衍，丁旺逾仟，為山鄉之盛族。李氏家廟「務本堂」，又稱宗祠，始建於康熙末年，奉禋先祖，慶祝世守，以寄齊孫思源報本之情懷。光緒庚子仲冬，祠側建一善教堂，是為族塾，首開赤岩民學之先河，更舉村孺知書達禮之功德。宗祠飽閱三佰載風霜，曾幾度修繕。四十年前，祠內百物蕩毀，譜牒散失，樓宇瀕臨傾圮。適逢盛世，政通人和，又值始祖誕辰四佰誕祭。今春，族嗣合議重修，全賴昆雲齋心協力，籌資燭材，謹擇清明動工，時越半年告竣。雕樑畫棟，氣勢恢宏，匾聯牌座修葺一新。既可告慰列祖列宗，又能別尊親凝衆心。李氏溪谷幽居，地靈人傑。願先人耕讀傳家之風範世承代繼，延綿永續。此乃族之盛舉，特以勒石謹記。

李氏家廟修組委會立
公元二〇一〇年十月吉日

B-2-9 《李氏家庙重修碑记》

B-3 文献

B-3-1 《四明李氏宗谱》

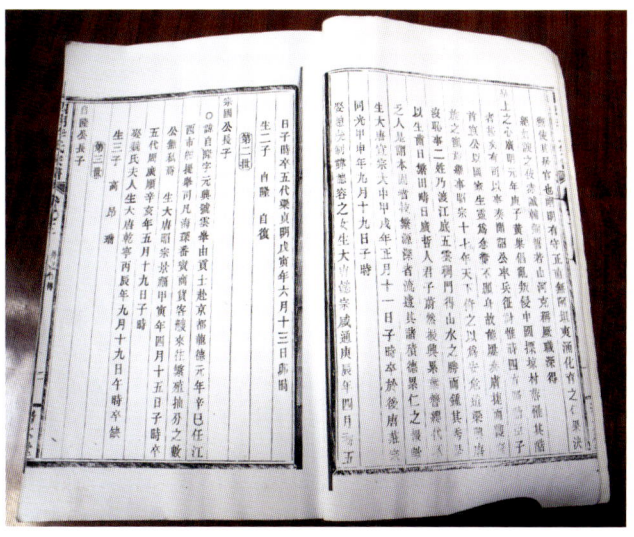

B-3-2 宗谱内页

B-4 其他有年款的遗存

B-4-1 义塾碑记

B-4-2 书塾宅基捐款碑记

B-4-3 庙内御赐匾额

C 物质文化遗产

C-1 公共遗产

C-1-1 李氏书塾

C-1-2 堂前间

C-1-3 下通转堂前匾

C-2　民居建筑

C-2-1 环溪楼正门额

C-2-2 新屋通转门额

C-2-3 下通转门额

C-2-4 与鹿游门额

C-2-5 上通转门额

C-2-6 里通转门额

C-2-7 马头墙

C-2-8 新屋通转宅内弄堂

C-2-9 新屋通转步梯

C-2-10 新屋通转侧门匾额

C-2-11 新屋通转天井

C-2-12 新屋通转木雕

C-2-13 新屋通转游廊

C-2-14 新屋通转游廊地坪

C-2-15 新屋通转八字墙门

C-2-16 新屋通转磉盘石

C-2-17 下通转正楼与天井

C-2-18 下通转侧门匾额

C-2-19 下通转侧门门环

C-2-20 普通民宅

C-2-21 与鹿游民宅

C-2-22 环溪楼木窗

C 物质文化遗产

C-2-23 环溪楼磨地砖

C-2-24 环溪楼木雕

D 非物质文化遗产

D-1 未列入名录的非遗

D-1-1 番薯枣子制作技艺

D-1-2 箍桶技艺

D-1-3 笋麸咸齑制作技艺

D-1-4 石雕

E 民俗生活

E-1 日常生活场景

E-1-1 村民日常用餐

E-1-2 两个老年人聊天

E 民俗生活　179

E-1-3　老人在老年乐园用餐

E-1-4　老式灶间

E-1-5 农家小院

E-1-6 石磨

E-1-7 草鞋

E-1-8 旧式家具

E-2　礼俗生活场景

E-2-1　庆祝百岁老人新年迎春会

E-2-2　李红伟书记慰问百岁寿星

E-2-3 向老人们发放慰问品

E-2-4 旧式客厅用具

E-2-5 旧时搁几大座

E-3　交通工具

E-3-1　自行车

E-3-2　小汽车

E-3-3 电动三轮车

E-3-4 公交站牌

F 生产方式

F-1 日常生产场景

F-1-1 番薯枣子制作过程之洗净

F-1-2 番薯枣子制作过程之去皮

F-1-3 打黄豆

F-1-4 铺鹅卵石地坪

F-1-5 苗木待发

F-1-6 掏毛笋

F-1-7 鲜茶叶

F-1-8 茶叶制作（杀青）

F-1-9 手工炒茶

F-1-10 毛笋

F-1-11 吊红

F-2　生产工具

F-2-1　扁担、脚棒

F-2-2　锄头、铁耙、坑铣

F-2-3 土箕、箩、篮

F-2-4 水碓舂米石捣臼

F-2-5 风箱

F-2-6 草鞋扒

F-2-7 木耙、木犁

F-3　手工制品

F-3-1　番薯枣子精品包装

F-3-2　笋麸咸齑

F-3-3 刚出锅的茶叶

F-3-4 淡笋干

F-3-5 烤花旗芋艿

F-3-6 毛笋鲞

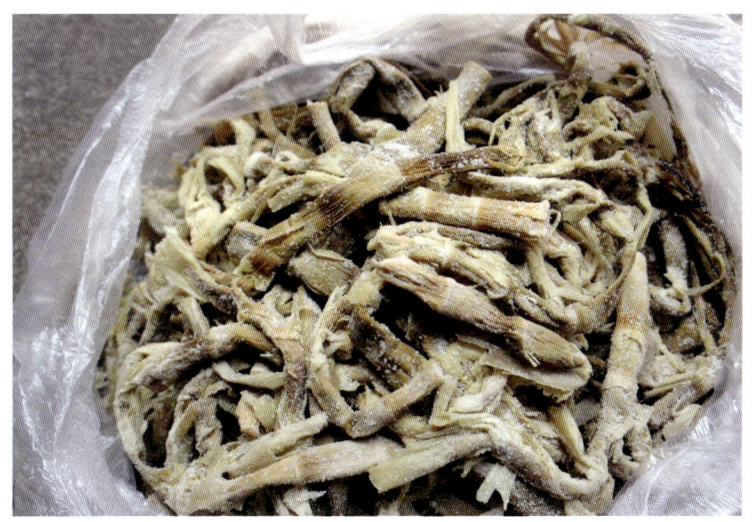

F-3-7 羊尾笋干

G 人物

G-1 村民肖像

G-1-1 李行完、李行耿、李志岳老人合影

G-1-2 92 岁退休教师李旭初

G 人物   199

G-1-3　102 岁老人沈瑞香生活照

G-1-4　102 岁老人沈瑞香

G-1-5 李氏宗族族长李德世（94岁）

G-1-6 全村90岁以上寿星榜

G-2 历史上的重要人物肖像

G-2-1 始祖龚荐公像

G-2-2 先祖安和公像

G-2-3 先祖安忠公像

G-2-4 先祖安钦公像

G-2-5 先祖安祥公像　　　　　　G-2-6 先祖安国公像

H 现状

H-1 近年来村落的新变化

H-1-1 道地小筑民宿

H-1-2 青水湾农家乐

H-1-3 榧香谷农家菜馆

H-1-4 吊红园

H-1-5 浙东第一漂

H-1-6 村老年乐园

H-1-7 漂流场景

H-1-8 乡叙·章溪谷民宿

H-1-9 西村口牌楼新景

H-1-10 古村秋色

其他

I-1 其他

I-1-1 吊红节

I-1-2 民协领导、作者与村干部合影

| 其他   209

I-1-3 民协领导、作者与村干部座谈

附录一 李家坑村村落保护与发展（规划性）

李家坑古村保护管理规划和措施

李家坑古村保护组织机构

组　　长：李红伟

副组长：沈功其

组　　员：李行伟　李夏明　李春芝　鲁瑞庆

第一章　总　则

第一条　为加强对李家坑古村落的历史、文化、环境保护，合理开发李家坑村文物、旅游资源，根据《中华人民共和国文物保护法》、《中华人民共和国环境保护法》（以下简称环保法）、《中华人民共和国治安管理处罚法》（以下简称治安处罚法），同时参考《宁波市鄞州区章水镇李家坑古村保护规划》（以下简称保护规划），制定本管理办法。

第二条　李家坑村落所占区域内的土地、建筑、文物、环境，以及古村群所属的山脉、水库、港溪及田地所占区域的保护、利用和管理，适用本管理办法。在风景区范围内居住以及从事生产经营、开发建设、旅游、宗教、文化等相关活动的单位和个人，应当遵守本条例。

第二章　保护范围

第三条　重点保护区范围：李家坑村村庄内范围内所有建筑，植被。

第四条　一般保护区范围：李家坑村村庄外至大溪坑。

第五条　建设控制区范围：牛背脊、百步阶、筲箕斗、百穴坪。

第三章 保护原则

第六条 重点保护区保护原则：保存所有的现存老建筑。不得再建造新房，现存新、旧房屋的维修改造必须报请管委会同意，涉及文物保护单位的维修必须报请文物主管部门同意，按《保护规划》要求统一认定设计和审批。

第七条 一般保护区保护原则：一般保护区内所有现存老建筑外观不允许拆改，不得再建造新房，所有房屋的维修改造等必须报请管委会同意，涉及文物保护单位的维修必须报请文物主管部门同意，按《保护规划》要求进行统一认定设计和审批。

第八条 建设控制区保护原则：保护有重要历史价值的古建筑及其环境，不得在区内再建新房。

第四章 保护要求

第九条 保护内容：

（一）保护区内的森林树木、园林花草、珍禽鸟类等生态自然环境。

（二）水库港溪、井口鱼塘等水系资源。

（三）田野山地、石山矿源和空间环境。

（四）村落巷道、古街商铺、古屋民居等所有古建空间。

（五）古建遗址、道观庙宇、宗祠戏台。

（六）猪栏牛舍、鸭棚鸡窝等圈禽养畜场所。

（七）凉亭茅厕、晒场空地等公共用地。

（八）保护区的其他任何场地和周边接壤空间。

第十条 保护古村风貌，修复损毁建筑，提高居民素质，整治古村环境，挖掘文化内涵，扩大古村影响。

第十一条 村委会必须对保护区内古建民宅和其他任何文物进行结构散件登记存档（包括结构木雕、石雕、闺门、牌匾、桌椅、床凳、橱、条桌、神龛等）。

第十二条 在古村群保护区内，下列行为必须报村委会审批同意，涉及文物保护单位的，必须报请文物保护单位同意，并严格按照《浙江省文物保护管理条例》（以下简称省文保条例）、《保护规划》等相关法律法规执行：

（一）古民居建筑的大、中、小修缮和保养。

（二）古建筑、人文景观的恢复。

（三）古街店面、门面改造，外部装饰及招牌广告制作。

（四）古树、名木的保护及绿化的施工养护。

（五）居民现住房屋的翻、扩、改、修建。

（六）基础设施的施工及维修。

（七）空地新建。

（八）古村群三线（电话、电视、电线）等各种线路的架设与安装。

第十三条　任何单位和个人对古屋进行翻、扩、改、修建，或在空地新建建筑，都必须首先向村委会递交申请报告，经村委会审核查看后由有关专业人员实地指导。古建筑及其附属物的修缮，应严格按照"修旧如旧"的原则以及《保护规划》要求，体现原貌，用原物相应的技术、材料，恢复其原来的面貌。所有视线内新房屋的改造，应与明、清建筑格局相协调，运用古建技术，使用马头墙、坡屋顶、青灰砖等古建材料进行仿古改造。不得擅自维修古建民居。在古村保护区内，古街店面的门面改造，外部装饰及招牌广告制作，必须报村委会审批同意，且不得破坏古村的历史风貌，其形式、高度、体量、色调应当与周围环境相协调。

第十四条　古村群保护区内所有可移动文物（如桌椅、床凳、神龛等）、不可移动文物（如古建筑、阊门等）均受国家法律保护，任何人不得私自买卖、损毁、拆除、修缮和移动至本办法规定的保护范围外。

第十五条　古村群保护区内应加强消防安全意识，完善消防设施，杜绝火灾隐患，防止火灾事故。古村群消防紧急疏散场地应保持全天候开放，且不得堆放杂物、新建建筑和改作他用。凡古村古建筑内不得乱堆放柴草等易燃物，居住在古建筑内的居民必须注意用火安全，厨房水缸应24小时储水，老屋天井的水缸除蓄水防火外不得挪作它用。砖木结构和住宅安装电线路时除注重美观外应多考虑漏电防燃。对已列入文物保护单位的古民居应按布局和有关规定配备一定数量的消防器材。

第五章　组织规章制度

第十六条　李家坑村委会应当严格按照《保护规划》的要求，负责古建民居的修缮、保护和安全管理，并接受区旅游主管部门的监督检查。禁止对文物进行破坏性利用与任何形式的转让、抵押。所有单位和个人都有依法保护文物的义务，并有权检举、控告和制止破坏文物的行为。

第十七条　李家坑村委会下属基层组织村民小组或其他派出机构都必须按其行政职权范围建立一定的管理规章制度、村规民约等：

（一）文物保护管理制度。

（二）消防安全管理制度。

（三）环境卫生管理保护制度。

（四）旅游设施及旅游标识管理保护制度。

（五）有利于文物保护、消防安全及环境管理保护的其他有关制度。

第十八条　实行村委会、村民小组二级管理责任状制度。

第十九条　各级组织在制定规章制度和环境保护责任状时都必须遵守《省文保条例》、《环保法》、《保护规划》、本管理办法和其它相关法律法规。

第二十条　古村管理规章制度和有关责任状都必须集体公开制定、公布执行，但必须因地制宜、实事求是、合情合理，符合法律规范，做到切实可行。

第六章　处　罚

第二十一条　利用古村群风貌，古建筑景观拍摄影视片，不得随意改变利用点的现状,不得随意粉刷墙壁等,不得对文物造成任何性质的破坏。破坏行为一经发现，按《省文保条例》等法律法规进行处罚。

第二十二条　在古村保护区内进行建设活动，破坏古村群历史风貌的，由村委会进行调处，并责令改正。若有下列行为之一，造成严重后果的，由相关行政执法部门依法严肃处理：

（一）违反国家规定，擅自在《保护规划》范围内进行建设工程或者爆破、钻探、挖掘等作业的，按《治安处罚法》等法律法规进行处罚。

（二）在《保护规划》建设控制地带内进行建设工程，其工程设计方案未经旅游主管部门同意、报城乡建设规划部门批准的，按《省文保条例》等法律法规进行处罚。

（三）擅自迁移、拆除、修缮不可移动文物，明显改变文物原状的，按《省文保条例》等法律法规进行处罚。

（四）擅自在原址重建已全部毁坏的不可移动文物的，按《省文保条例》等法律法规进行处罚。

第二十三条　在古村保护区内，不得从事下列污染《保护规划》范围内环境的活动。若有下列行为之一的，由环保、公安机关等行政主管部门依照《省文保条例》、《环保法》等相关法律法规予以处罚：

（一）建设过程中污染《保护规划》区域内旅游设施的。

（二）存放易燃、易爆、易腐蚀等危及古村安全物品的。

（三）在主要旅游景区（点）内举行殡葬活动且严重影响旅游形象的。

（四）刻划、涂污、损坏文物及旅游设施、文物保护设施及市镇公用设施的。

（五）刻划、涂污、损毁或者擅自移动旅游标识和古村群标志的。

（六）毁林开荒，未经有关部门许可私自开挖沟渠、采石取土的。

（七）在《保护规划》范围内损毁景物、林木植被，捕杀野生动物或污染、破坏环境的行为。

（八）其他可能影响旅游设施及其环境的活动。

（九）法律、法规禁止的其他活动。

第二十四条　严禁机关单位、社会团体组织或个人购买古村群任何古建结构性文物，严禁购买已登记造册的其它文物，严禁出售古村群保护区内任何文物，一经发现，按《省文保条例》等法律法规严肃处理。

第二十五条　不得在《保护规划》范围内非指定区域从事可能危及文物安全和影响环境的任何经营活动，一经发现，按相关法律法规进行处理。

第二十六条　在古建民宅、豪府门第等地方禁止无人守护状态下的一切用火，不得在靠近木质结构的建筑处设置烟囱。任何节日，婚丧嫁娶等习俗礼仪举办都不得在古建筑内燃放焰火、鞭炮或点燃其他可能危害古建筑安全的物件。在禁止燃放烟花爆竹的地点燃放烟花爆竹的，由公安机关根据《烟花爆竹安全管理条例》进行处罚。一旦引起火灾，由公安机关等相关行政执法部门按《中华人民共和国消防法》《省文保条例》等法律法规进行处罚。

第二十七条　李家坑村委会相关人员违反本条例规定，不履行文物保护和管理职责，或者玩忽职守、滥用职权、徇私舞弊的，对负有责任的主管人员和其他直接责任人员依法给予行政处分；构成犯罪的，依法追究刑事责任。

第七章　奖励办法

第二十八条　有下列情形的单位或个人，李家坑村委会将根据实际情况给予一定的物质和精神奖励：

（一）认真执行保护管理办法，积极宣传并认真保护古村历史遗存，成绩显著的。

（二）产权属家庭、个人的古民居所有者或使用者无条件服从《保护规划》要求而作出让步的。

（三）为保护古村群其他组成结构部分，如古街巷、古水井、古树木、古牌坊、古遗址等和园林花草及有关配备建筑设施做出重要贡献的。

（四）为保护古村景区历史遗存与违法犯罪行为做坚决斗争的。

（五）将个人收藏的重要文物捐献给国家或者为文物保护事业做出捐赠的。

（六）在历史遗存面临破坏危险时，抢救有功的。

（七）长期从事景区保护历史遗存工作，取得显著成绩的。

第八章　附　则

第二十九条　本办法自颁布之日起执行。

李家坑村委会
2014 年 6 月

附录二 国家级传统村落李家坑村立档调查人员名录

负 责 人	李红伟（本科学历，章水镇人大常委会副主任，李家坑村党支部书记）
	李行伟（本科学历，李家坑村党支部副书记、旅游集团公司总经理）
采访调查人	吴瑞芳（74岁，初中学历，中国民间文艺家协会会员）
受访讲述人	李　芬（49岁，高中学历，李家坑村村民委员会委员）
	李夏明（55岁，大专学历，李家坑村文书）
	李志平（73岁，高中学历，李家坑村原党支部书记）
	李行完（78岁，高中学历，农民）
	李行耿（81岁，高中学历，农民）
	李志岳（73岁，大专学历，农民）
	李旭初（92岁，大专学历，退休教师）
摄　　影	吴瑞芳（部分图片由李芬提供）
编　　校	吴瑞芳（74岁，初中学历，中国民间文艺家协会会员）
采录时间	2016年1月至2018年5月